PARIS — P. TRALIN, Éditeur
rue Dauphine, 19

PRIX : 30 centimes.

BRIC-A-BRAC & CIE

VAUDEVILLE FANTASTIQUE EN TROIS ACTES ET SIX TABLEAUX

PAR

M. S^T-AGNAN CHOLER

Représenté pour la première fois, au Théâtre du Luxembourg, le 15 Novembre 1862.

DISTRIBUTION DE LA PIÈCE

Trichard	MM. DETROGES	Le Savon, — Mme Couranville, —	
Fifrelin	TOUSÉ	Paméla	STIVALET
Homéopathe, — Bredouillard, — Cavalcadour	DELILLE	Le Sel, — La Marchande de Santé, — La Critique, — Palmyre	ADÈLE
Hydropathe, — Collabo	PANCHOST	La Presse, — Julienne	RIQUIER
Pingot, — Allopathe	TALLIN	Françoise, — Florine	J. LAURENT
Bidoche, — Lambinet — Le Régiss^r	JOSSELIN	Mlle de Plaisirs, — Dinah	St-YVES
Cocardeau	FRELIN	Madame Coquardeau	BLANCHE
Jules, — Lucidor	L...YER	Mlle d'Esprit, — Roxelane	VALENTINE
Bric-à-Brac	Mme ESTHER	La Fleur d'Oranger	JULIA
Le Café, — Le Roman à un sou, — Sarah, — Landrinette	H. CAVALIER	Polichinelles, — Masques, etc., etc.	
Madame Abraham	MINNE		
Le Sucre, — Sidonie	LOUISA		
L'Anisette, — La Marchande de Paroles, — Corentine	ROSE-BRUYÈRE	**Au 3e Acte,**	
Victoire, — Lanterne chinoise, Rom.-Feuilleton, — Arthémise	ANTONIA	**LA POLKA DES MASQUES**	
		Exécutée par toute la Troupe.	

Pour la Mise en scène, s'adresser à **M. CLAIRVILLE**, copiste au Théâtre du Luxembourg.

ACTE PREMIER

Une Boutique d'épicier. — Porte au fond, portes latérales, Comptoir. Marchandises de toutes sortes.

SCÈNE 1re

JULIENNE *entrant*, puis BIDOCHE.

JULIENNE. A la boutique ! Personne ! à la boutique, donc !

BIDOCHE, *entrant*. Ménagez votre gosier, Mlle Julienne ; je vais vous aider.

JULIENNE. Ah ! bonjour, crémier ; je vais passer chez vous tout-à-l'heure.

BIDOCHE. Merci.

JULIENNE. Il y a de quoi. Si mes maîtres le savaient ! Ils m'ont défendu de remettre les pieds dans votre boutique.

BIDOCHE. Tiens ! pourquoi ça ?

JULIENNE. Parce que Madame n'aime pas qu'on lui serve du café à l'eau quand elle demande du café au lait. Mais bah ! tant pis ! vous vous souviendrez de ça aux étrennes.

BIDOCHE. Comme de juste. Ah ! voilà le père Pingot, le marchand de vin du coin. Ça va bien, l'ami ?

SCÈNE II

LES MÊMES, PINGOT.

PINGOT. Pas mal, et vous ?

JULIENNE. Vous v'là donc amis à présent ?

BIDOCHE. Oui, depuis que nous avons demeuré quinze jours dans le même endroit.

JULIENNE. Ah ! en prison. Vous aussi, père Pingot ?

PINGOT. Ne m'en parlez pas. Des bêtises ! Depuis qu'on a inventé cette machine qui mesure toute seule à quel degré le vin est baptisé, il n'y a plus moyen de tromper les inspecteurs.

JULIENNE. Ça vous apprendra...

PINGOT. Rien du tout. J'ai mon idée là-dessus.

AIR : *Voici la riante semaine.*

L'ivrognerie est, certe, abominable ;
Je la combats par mon petit trafic,
Et quand on trouv' la chose condamnable,
On fait de moi l'martyr du bien public.
Heureusement, ma récompense est sûre,
Si, comme on l'dit et commi je n'en doute pas,
Le ciel là-haut nous paie avec usure
Les verres d'eau que l'on donne ici-bas.

JULIENNE. Sans compter que vous vous les faites déjà payer par vos pratiques, farceur.

BIDOCHE. Comme de juste.
PINGOT. Ah ça, mais... on ne vend donc plus ici.
JULIENNE. Faut croire. Justement, v'là encore de la clientèle... et des camarades.

SCÈNE III.

LES MÊMES, VICTOIRE, FRANÇOISE.

VICTOIRE et FRANÇOISE, *entrant.*

AIR :

Que de tracas,
Que d'embarras,
Ah ! pauvre bonne !
Qu'on bougonne,
On ne m'exemptera donc pas
D'avoir des maîtres sur les bras.

VICTOIRE.

Pour acheter un sous d'radis,
Si je demeure
Plus d'une heure,
J'empoche un savon, j'en frémis,
Qu'on en blanchirait tout Paris.

FRANÇOISE.

Ils sont si regardants... Le mien
De mon anse
Craint tant la danse,
Que j'crois, pour qu'il ne dise rien,
Qu'il faudrait y mettre du mien.

JULIENNE.

A tout instant, à tout propos,
On nous commande,
On nous gourmande ;
On s'mettrait en quatre morceaux,
Qu'ils trouv'raient les morceaux trop gros.

TOUS.

Que de tracas, etc.

BIDOCHE. Et autrement... Mlle Victoire, Mlle Françoise, qu'est-ce qu'il y a de nouveau chez vous ?
FRANÇOISE. Oh ! vous savez que je ne jase jamais sur les bourgeois.
JULIENNE. Ni moi.
VICTOIRE. Ni moi.
PINGOT. Et que vous avez bien raison. Dites donc, Mlle Françoise, il y a un petit frisé que je vois entrer dans votre maison. Est-ce que c'est votre amoureux ? là, entre nous.
FRANÇOISE. Ah ! celui-là, il n'est pas mon maître, et je peux vous dire que je crois bien qu'il vient pour madame.
BIDOCHE. Bah !
FRANÇOISE. Si ça n'est pas, ça sera un jour ou l'autre.
JULIENNE. Tant mieux pour vous, ça fait toujours des profits.
BIDOCHE. Vous pensez toujours à ça, vous.
JULIENNE. Damé ! écoutez donc, chacun défend sa peau.

AIR : *Loterie*

Domestiques,
Domestiques,
Pensons à notre intérêt,
Domestiques,
Sans rubriques,
Qui pour nous y penserait.

La Loterie est sous la remise.
A la Caisse d'épargne on met ;
C'est plus moral, mais la mise
Coûtait moins cher qu'un livret.

ENSEMBLE

Domestiques, etc.

VICTOIRE

Monsieur n'aim' pas la soup' grasse.
L'bœuf n'est pas sa passion ;
Mais il faudra qu'il s'y fasse :
Mon pays aim' le bouillon.

ENSEMBLE

Domestiques, etc.

FRANÇOISE.

Madame aime un capitaine,
Et moi j'aime les gros sous,
Je lui pass' sa turlutaine,
Mais faut qu'ell' me pass' mes goûts.

ENSEMBLE : Domestiques, etc.

BIDOCHE

Oui votre sort m'intéresse,
Vos maîtres sont des crétins
Et j'ris quand j'les vois sans cesse
Se plaindre de leurs chagrins

Domestiques, etc.

VICTOIRE. Ah ! ça, la maison est donc abandonnée ?
PINGOT. Il n'y a jamais personne depuis que ce pauvre Trichard est à la campagne.
FRANÇOISE. A la campagne !
BIDOCHE. Oui, à cette campagne où nous sommes allés, le père Pingot et moi. Figurez-vous qu'il avait laissé traîner par mégarde sous le plateau droit de ses balances un petit morceau de suif et un petit poids ; tout ça s'est collé ensemble et on lui a cherché chicane.
JULIENNE. Quelle petitesse ! Et son neveu, M. Fifrelin ?
BIDOCHE. Oh ! lui ! c'est un feignant, il est toujours à écrire au lieu de travailler.
JULIENNE. On dit qu'il fait des verses, ce jeune homme ; j'aime ça, moi.
FRANÇOISE. Possible, mais je n'ai pas le temps d'attendre qu'il ait fini. (*Frappant sur le comptoir.*) A la boutique !

CHŒUR.

Air : *de M. Thomas.*

A la boutique !
Lorsque nous attendons,
Lorsque nous appelons,
Pour servir la pratique
Qui réclame ses droits,
Qu'on accoure à sa voix :
A la boutique !

SCÈNE IV.

LES MÊMES, FIFRELIN, *tenant à la main une plume et un papier.*

FIFRELIN. Hé bien ! qu'est-ce qu'on veut encore ?
JULIENNE. Bonjour, monsieur Fifrelin.
FIFRELIN. Bonjour, bonjour. (*Lisant et déclamant à part.*)

La nuit brillait au ciel ; Pedro, l'amant d'Oline,
Sous le balcon grillé grattait la mandoline.

(*Se grattant.*) Est-ce assez riche, cette rime-là ? Oui, je crois qu'on peut s'en contenter. (*Il va au comptoir et écrit.*)
BIDOCHE. Dites donc, monsieur Fifrelin, est-ce que votre oncle, M. Trichard, ne va pas revenir ?
FIFRELIN. Je ne sais pas. Ah ! si, je crois que son temps finit aujourd'hui.
JULIENNE. Eh bien, en attendant, si c'était un effet de votre part de me peser une livre de sucre... cassé, parce que ça me fait mal aux reins de le casser moi-même.
FIFRELIN, *écrivant.* Du sucre ! Il y en a là-bas, servez-vous.

JULIENNE. Est-il bon?
FIFRELIN. Très-bon! et il vous fera du profit; il ne fond pas, il est en pierre.
FRANÇOISE. Moi, il me faudrait deux sous de poivre.
PINGOT. Et moi, une livre de bougie.
FIFRELIN. Ah! vous m'ennuyez; il y a de tout ça par-là. Arrangez-vous. (*Les pratiques se servent. — Écrivant.*)

L'air était calme et pur, et les ronds orangers
Dans l'ombre s'alignaient comme des O rangés.

SCÈNE V.

LES MÊMES, TRICHARD, *entrant du fond.*

TRICHARD. Que vois-je! mon magasin au pillage!
TOUS. Monsieur Trichard!
FIFRELIN. Mon oncle!

CHŒUR.

AIR : *V'là vot' fille que je vous ramène.*

Enfin le ciel le ramène
Près du chaland qui l'attend,
Et dans sa boutique
Il revient trôner triomphant.

TRICHARD.

Quittant le cachot redoutable,
J'arrive et je vois, j'en rougis,
Que les rats dansent sur la table
Quand le chat n'est pas au logis.

REPRISE DU CHŒUR.

FIFRELIN, *se levant.* Bonjour, mon oncle.
TRICHARD. Silence! Monsieur, nous causerons tout à l'heure.
FIFRELIN, *se rasseyant au fond.* Bon! comme des O rangés.
TRICHARD. Voyons! qu'est-ce que vous désirez, vous autres?
JULIENNE. Une livre de sucre.
TRICHARD. (*Il la prend et la pèse en changeant de papier.*) Voilà.
JULIENNE. Mâtin, comme vous mettez du papier, et quel papier!
TRICHARD. Voulez-vous pas que je vous mette du papier de soie, avec la signature du caissier de la Banque. Voilà!... A un autre.
PINGOT. Une livre de bougies.
TRICHARD. Voilà!
PINGOT, *regardant le paquet.* Dites donc, une livre, c'est 500 grammes, pourquoi donc que vous mettez là-dessus poids net, 450 grammes? Ça n'est pas juste, ça.
TRICHARD. De quoi vous plaignez-vous? On ne vous trompe pas, puisqu'on vous prévient.
PINGOT. Bon! Combien?
TRICHARD. Un franc soixante!
PINGOT. Voilà un franc cinquante. On ne vous vole pas, puisqu'on vous prévient.
TRICHARD. Farceur! Et vous, mademoiselle Françoise?
FRANÇOISE. Je voudrais deux sous de poivre, mais pas en poudre, en grains; c'est une idée à madame.
TRICHARD. Deux sous de poivre en grains; voilà! c'est trois sous.
FRANÇOISE. Tiens! Est-ce parce que vous n'avez pas la peine de le moudre?
FIFRELIN, *assis au fond.* C'est parce que le poivre coûte plus cher que la cendre.
TRICHARD, *aux chalands.* Il ne vous faut rien avec ça?
JULIENNE. Pas pour le moment... Au revoir, monsieur Trichard!

CHŒUR.

AIR *des Mousquetaires.*

Faut savoir, marchand,
Pincer le chaland,
Et cet épicier
Sait bien son métier.
On vient chez lui, mais
Si tous les objets
S'y vendent très-cher, en r'vanche ils sont mauvais.

(*Ils sortent à gauche.*)

SCÈNE VI.

TRICHARD, FIFRELIN.

TRICHARD. Maintenant, à nous deux, monsieur mon neveu.
FIFRELIN. Hé bien! soit. A nous deux, mon oncle.
TRICHARD. Ainsi vous ne rougissez pas, quand j'arrive... d'où je viens.
FIFRELIN. Il me semble que quand vous arrivez d'où vous venez, c'est vous qui devriez rougir.
TRICHARD. Allons, bon! c'est lui qui me gronde... Réfléchis donc, mon garçon...

AIR : *Du Partage de la richesse.*

Devant toi, s'il faut me défendre,
Mes raisons sauraient te toucher.
Quand on est marchand, c'est pour vendre,
Et le commerce doit marcher.

FIFRELIN.

Je ne vais pas à la traverse,
Mon oncle, et vous avez raison,
Si c'est faire aller le commerce
Que le faire aller en prison.

TRICHARD. Bah! que veux-tu? c'est la faute des chalands, aussi. Ils veulent tout avoir pour rien.

AIR :

Bon marché, bon marché,
Partout on vous jette
Ce mot à la tête.
Bon marché !
Le client recherché
Par le bon marché,
Seul est alléché.

Ce richard tant fêté,
Pour être flatté,
Avec sa fierté,
N'a pas trop compté.
Ce soldat vaillant,
Qu'on admire tant,
Fait bon marché de son sang.

Vois cette belle ; pour
Que sa folle cour
Lui paie en retour
Un tribut d'amour,
Il a bien fallu,
Que de sa vertu
Ses adorateurs aient eu

Bon marché, bon marché, etc.

Chez le pauvre marchand,
L'avare chaland,
Plaignant son argent,
Vient en répétant :
Vendez-moi, j'y tiens,
Au rabais, ou bien
Chez vous je n'achète rien.

L'épicier, mon voisin,
Voulant, le malin,
Satisfaire enfin
Le public crétin,
Exprès fabriqua
Un certain moka
Qui charme la pratique à
Bon marché, etc., etc.

Je vois là le client
Porter son argent.
Je connais pourtant
Le café que vend
Cet adroit quidam.
S'il n'est pas cher, dam !
C'est qu'il est en macadam.

Puisque sans frélater
On ne peut lutter,
Pour le dégoter,
Je viens d'inventer,
Pour mon café faux,
Du macadam faux,
Le public aime le faux

Bon marché, etc., etc.

FIFRELIN. C'est du propre! Et qu'est-ce que vous diriez si, en vous prenant votre faux café, fabriqué avec du faux macadam, vos pratiques vous payaient en fausse monnaie?

TRICHARD. Je dirais... je dirais que ton raisonnement est faux.

FIFRELIN. Comme vos marchandises... Il doit vous plaire alors.

TRICHARD. As-tu fini?

FIFRELIN. C'est que je me révolte à la fin. J'en ai assez.

TRICHARD. Assez! Les oreilles me tintent, bien sûr. Il a dit assez... alors tu ne veux pas être épicier.

FIFRELIN... Non, mon oncle.

TRICHARD. Et qu'est-ce que tu veux être? Empereur de la Chine.

FIFRELIN. Mieux que ça. J'ai des aspirations, voyez-vous.

TRICHARD. Connais pas.

FIFRELIN. Savez-vous ce que c'est que la Poésie, mon oncle?

TRICHARD. Parbleu ! c'est de faire des devises pour les papillottes. Si ça t'amuse, à ton aise. Tu sais, ça se paie vingt sous le mille.

FIFRELIN. Fi! poète, c'est marcher les pieds sur la terre et le front dans le ciel; c'est préparer pour l'art la grande synthèse humaine; c'est parler une langue que les hommes ne comprennent pas.

TRICHARD. Je vois bien.

FIFRELIN. C'est aimer Dieu, chanter la nature, boire à toutes les grandes sources.

TRICHARD. Aimer, chanter et boire! en voilà du dévergondage. Et tu crois que je me prêterai à ça, moi, ton oncle, moi qui t'ai porté dans le sein de ma sœur?

FIFRELIN. Mon oncle !

TRICHARD. Allons, tu es fou! Bonsoir. Je suis fatigué et je vais me coucher. Toi, dors, rêve que tu épouses ta cousine, et que je te cède mon fonds. Tâche d'inventer quelque bon truc pour vendre deux sous ce qui ne te coûtera rien du tout, et tu deviendras millionnaire, c'est-à-dire ce qu'il y a de plus beau au monde.

AIR : *Oui, le verre en main.*

Oui, demain matin,
J'en suis certain,
Plus raisonnable
Je te reverrai
De ces sottises délivré.
Si vraiment l'sommeil
Porte conseil,
Il est probable
Qu'à tes beaux projets
Tu ne penseras plus jamais.

FIFRELIN. Mon oncle.
TRICHARD. Bonsoir.

ENSEMBLE

TRICHARD.   FIFRELIN.
Oui, demain matin, etc.   Non, demain matin, etc.

(*Trichard sort.*)

SCÈNE VII.

FIFRELIN seul.

Non! ça ne peut pas me convenir. Je suis décidé. Entre les vers à quinquets et les verres de douze pieds, mon choix est fait.

AIR *de Galathée.*

Ah! qu'il est beau
D'être poète!
Libre, on chante comme l'oiseau,
Et quand vient l'heure où l'on béquette,
On a... Quels repas régalants !
L'air du temps (*ter*).

Ça y est. Je lâche la boutique et pas plus tard que tout de suite. Le temps de prendre mon linge... mon faux-col et ma paire de chaussettes. Ça me fait quelque chose, tout de même. Qu'est-ce qui me donnerait bien du courage (*Prenant une bouteille*)? Ah ça! (*lisant l'étiquette*). Anisette de Hollande. C'est mon affaire. (*Il sort. — La nuit est venue.*)

SCÈNE VIII.

LE CAFÉ, LA FLEUR D'ORANGER, LE SEL, LE SAVON
LE SUCRE, *puis la* LANTERNE CHINOISE.

LE CAFÉ, seul.

AIR : *Valse de trop beau pour rien faire.*

A l'heure sombre où la terre sommeille,
Eveillons-nous, frères et compagnons.
Moi, le Café, c'est moi qui vous réveille.
Animez-vous et quittez vos rayons.

(*Les autres paraissent*).

LE SUCRE

Nous voici tous, quand ta voix nous évoque ;
Nous accourons. Ami, nous voici tous.
Pourquoi faut-il qu'ici l'on nous convoque?
Que faut-il faire et que veux-tu de nous?

LE CAFÉ. Je vais vous dire... Mais on ne se voit pas ici. J'aime à voir clair quand je parle, quand ce ne serait que pour ne pas me mordre la langue. A nous les lanternes chinoises.

UNE LANTERNE. (*Jour*).

Même air.

Qu'arrive-t-il? Est-ce donc jour de fête?
De quoi va-t-on se réjouir ici?
Va-t-on encor célébrer, je suis prête,
Quelque victoire? allume, me voici !

LE CAFÉ. A la bonne heure ! On se reconnaît, maintenant. Ami Sucre, ami Sel, ami Savon, et toi, douce Fleur d'Oranger, je vous salue.

LE SEL. Eh bien ! qu'y a-t-il?

LE SAVON. Pourquoi nous tirer de notre sommeil?

LA FLEUR D'ORANGER. Je dormais si tranquillement.

LE SUCRE. Qu'est-ce qui arrive?

LE CAFÉ. Un grand malheur!

TOUS. Un malheur!

LA FLEUR D'ORANGER. Ah! je te reconnais bien là, toi; que tu viennes de Moka ou de la Martinique, tu es toujours prêt à donner des inquiétudes.

LE SAVON. Parle vite, au moins.

LE SEL. Ne nous fais pas languir.
LE SUCRE. Je fonds d'impatience.
LA LANTERNE. Et moi j'en brûle.
LA FLEUR D'ORANGER. Laissez-lui donc le temps.
LE CAFÉ. Voici le fait. Nous avons toujours été heureux et bien traités dans cette maison, n'est-ce pas !
LE SUCRE. Parfaitement.
LE CAFÉ. On nous ménage, on ne nous vend qu'avec précaution, en donnant de nous le moins possible et en nous entourant des enveloppes les plus épaisses ; on nous engraisse en nous nourrissant de toutes sortes de substances étrangères; on nous marie ensemble de toutes les façons.
LE SUCRE. C'est la vérité. On ne me rape jamais sans m'unir à une jolie quantité de poudre d'albâtre.
LE CAFÉ. Par reconnaissance, nous enrichissons notre maître, et nous nous faisions une joie d'enrichir après lui l'enfant du logis, l'héritier de ses principes, l'aimable Fifrelin.
LE SAVON. Nous savons tout cela, tron de l'air !
LE CAFÉ. Vous savez, Savon ? mais ce que vous ne savez pas, c'est que l'aimable Fifrelin nous renie!
TOUS. Oh !
LE CAFÉ. Et qu'il est décidé à s'en aller.
TOUS. S'en aller?
LE SUCRE. Qu'est-ce qui a dit ça?
LE CAFÉ. Lui ! Vous dormiez, mais moi je ne dors jamais, et je l'ai entendu.
LE SAVON. Que nous ne le souffrirons pas, bagasse!
LE CAFÉ. Et comment l'empêcher ?
LE SUCRE. Je le comblerai de douceurs.
LA LANTERNE. Je l'éclairerai.
LE SEL. Je lui salerai une tartine bien sentie.
LA FLEUR D'ORANGER. Je le calmerai.
LE SAVON. Je lui laverai la tête.
LE CAFÉ. Je souhaite que vous réussissiez. Pour le moment, il est avec l'Anisette qu'il a prise pour confidente.
LE SEL. Si elle avait l'esprit de l'enivrer.
LE CAFÉ. Malheureusement, l'Anisette d'ici, ce n'est pas par le trop d'esprit qu'elle brille.
LE SUCRE. Qui sait? Les voilà tous deux.

SCÈNE IX

LES MÊMES, FIFRELIN, L'ANISETTE (Ils valsent).

Reprise de l'air précédent.

FIFRELIN.

J'avais déjà goûté de l'anisette,
Et je savais que prise avec excès,
Elle pouvait faire tourner la tête,
Mais pour les pieds, ma foi, je l'ignorais.

Ouf! je n'en puis plus... assez... (*Danse générale.*) Assez, donc! je ne sais plus si c'est moi qui tourne ou si c'est vous. Ah ! à la bonne heure. Ouf! j'ai mal aux cheveux.
L'ANISETTE. Bois un peu, ça te remettra. (*Elle lui tend un verre.*)
FIFRELIN. Vous croyez ?

L'ANISETTE.

AIR : *Perroquet de Marguerite.* (Chautagne)

Bois donc, mon breuvage est divin.

FIFRELIN.

L'anisette est un peu canaille,

L'ANISETTE.

Je chasse l'ennui, le chagrin...

FIFRELIN.

Comme le vent chasse la paille.

L'ANISETTE.

Ne repousse pas ce flacon,
Et tends ton verre à l'anisette.
Si tu veux être folichon
Et t'amuser comme une bête,
Ne repousse pas ce flacon
Et tends ton verre à l'anisette (*bis*)
Entends ma voix qui te répète :
   Bois donc! bois donc! (*bis*)

TOUS.

Entends sa voix qui te répète :
   Bois donc! bois donc! (*bis*)

FIFRELIN, *buvant.* Ah ! ah ! ah ! bien. Voilà que ça recommence. Je veux en être (*Il trébuche*). Ah ouiche! J'ai trop mal aux... aux cheveux. Mais arrêtez donc... Là. Qu'est-ce qui m'a fichu des tontons comme ça.
L'ANISETTE. Tu ne les reconnais pas?
FIFRELIN. Jamais de la vie.
LE SUCRE. Ingrat! Tu as pourtant été élevé au milieu de nous, et pour ma part, tu m'as croqué bien souvent.
FIFRELIN. Toi !
LE SUCRE. Oui, et tu avais bien raison.

AIR : *des Rosières.*

Saveur exquise,
Je plais au goût.
En friandise
Je change tout.
J'en crois les pommes
Du tentateur.
On prend les hommes
Par la douceur. (*4 fois*)

Quand une belle
Fait des façons,
Vite pour elle
Cours aux bonbons.
Des belles bouches
J'ai la faveur.
On prend les mouches
Par la douceur. (*4 fois*)

FIFRELIN. Hum! autrefois, je ne dis pas, tu avais des petits moyens de séduction; mais maintenant que les raffineries te soumettent à tant de raffinements.

AIR : *Voltaire chez Ninon.*

Je ne retrouve plus ton goût,
Et tu n'es plus celui que j'aime.
Je ne te r'connais pas du tout,
Car tu n'es vraiment plus toi-même.
Voilà ce que c'est que d'être ainsi
Déguisé par amour du lucre,
Toi qui veux me séduire ici,
Fais-moi l'plaisir d'aller d'faire... sucre.
Commence par aller t'fair' sucre.

LE SUCRE. Tu es gentil pour moi.
FIFRELIN. Dam! si c'est une maladie que tu as, fais-toi guérir. Mais je n'aime pas le sucre au sel.
LE SEL. Et le sel sans sucre, l'aimes-tu ?
FIFRELIN. Ça dépend.

LE SEL.

AIR : *du premier pas.*

Avec du sel
L'on déjeune et l'on dîne.
Toi, qui d'écrire as le projet formel,
Tu dois savoir comment ça se combine,
Et que ça s'fait tout comme la cuisine...
Avec du sel.

TOUS.
Avec du sel.

L'ANISETTE. Ta littérature, une cuisine !
FIFRELIN. Jamais !

Air : *Je loge au quatrième étage.*

Ma poésie est toute bleue,
Et j'n'ai pas le projet banal
De mettre un grain d'sel sur la queue
De Pégas' le divin cheval.
J'estime trop ce noble animal.
Sur son dos je mettrai ma lyre,
Mais je prétends, pour aller au ciel,
Le monter à poil..., C'est te dire
Que je n'ai pas besoin de sel,
Sur son dos je mettrai ma lyre,
Mais je veux le monter sans sel.

A une autre. Toi, la Rosière.
LA FLEUR D'ORANGER. Moi, j'arrive de Grasse.
FIFRELIN. De grâce, pourquoi faire ?
LA FLEUR D'ORANGER. Pour calmer les nerfs. Mais je n'ai pas toujours été en bouteille. Ecoute :

Air : *La Maison du bon Dieu.*

Du clocher la voix vibrante
Monte gaîment vers le ciel,
Et la vierge rougissante
En tremblant marche à l'autel.
Je fleuris à son corsage,
Je pare ses blonds cheveux,
Et l'on dit sur son passage :
Elle est belle ; il est heureux.

Ecoutez ! la cloche sonne.
Saluez, sans les juger,
Le bouquet et la couronne,
Place à la fleur d'oranger !
Ecoutez ! la cloche sonne.
Place à la fleur d'oranger !

CHŒUR.

Ecoutez ! la cloche sonne, etc.

FIFRELIN. Il y a une chose qui me chiffonne, c'est que tu dis de saluer le bouquet et la couronne, sans les juger. Pourquoi donc ça ?
LA FLEUR D'ORANGER. Ah ! dam ! tu sais, je réponds de l'enseigne...
L'ANISETTE. C'est la foi qu'sauve.
FIFRELIN. Voilà qui me rassure sur ma future.. future

Air : *du Bouquet de bal.*

Elle ira, brillante et parée,
Moi, rempli de joie et d'orgueil.
Je suivrai l'enfant adorée.
Son bouquet me tirera l'œil.
Je m'en fierai... de confiance,
A sa douce fleur d'innocence...
Si l'innocence n'est pas là ⎫ bis en
Le bouquet du moins y sera ⎭ chœur

LE SAVON. Et puis, s'il y a une petite tache, je suis là, moi, bagasse.
FIFRELIN. Autre Provençal ! Est-ce que tu es né aussi autour de Grasse ?
LE SAVON. Moi ! que je suis de Marseille et qu'on m'a fait venir à Paris parce que j'y faisais de bésoin.
FIFRELIN. De bésoin.
LE SAVON. Eh oui ! mon bon.

Air : *Titilariti.*

Qu'un mangeur de finance
Ayant son million,
Fasse sa liquidation.
Pour changer son bien d'Harpagon

En honnête opulence,
Que lui donnera-t-on ?
Un morceau d'savon, ⎫ bis
Patipatapon, Patipatapon ⎬ en
Un morceau d'savon. ⎭ chœur.

Quand une ancienne pécheresse,
Ne peut plus, pour raison,
Innocente distraction,
Que jouer à mon corbillon,
Sans tache, qu'y met-on ?
Un joli savon, patipatapon. ⎫ bis en
Patipatapon, un joli savon. ⎭ chœur.

FIFRELIN. Oui. Hé bien ! tu peux t'en retourner à la Cannebière.

A présent la lessive
Se fait d'autre façon.
C'est un plaisir, je t'en réponds.
De voir comme les taches s'en vont,
Quand la richesse arrive...
Car l'argent est, mon bon,
Le meilleur savon, patipatapon. ⎫ bis en
Patipatapon, le meilleur savon. ⎭ chœur.

L'ANISETTE. A un autre.
FIFRELIN. A un autre. Y a-t-il encore quelqu'un ?
LE CAFÉ. Moi, mille balles ! Il y a assez longtemps que je n'ai rien dit. J'en ai des impatiences.
FIFRELIN. En voilà un qui est agité.
LE CAFÉ. Je crois bien que je le suis.

Air : *du Violoneux.*

Xi, xi, tac, toc, c'est l'café qu'on m'appelle,
Un exci... xci... un excitant matin,
Je suis tac, tac, taquin comme une cruelle,
Je suis toc toc, toque comme un moulin.
J'éveille tout à la ronde,
J'éveille grands et petits.
Je fuis pour le bien du monde,
Tort au sommeil des maris,
Dans la nuit je féconde.
Je fais veiller,
Et frétiller.
Et travailler
Le financier,
Le poète, l'épicier.
Je fais veiller,
Frétiller et travailler.

ENSEMBLE

Xi, xi, toc, toc, etc.

FIFRELIN. Oh ! oui, je te connais.
L'ANISETTE. Tu lui as dû de belles inspirations.
FIFRELIN. Témoin mon ode aux Soissonnais :

(*Déclamant*) O vous, fils du printemps et pères des zéphyrs...

Mais si tu as des qualités, tu n'es pas sans reproches, et on ne se gêne pas pour te le dire.
LE CAFÉ. Qui ça ?

FIFRELIN.

Air : *Petit homme gris.*

Quand une faible femme,
Grâce au café pervers,
A ses nerfs.
Je ne plains pas la dame,
Mais je plains son époux,
S'il est doux.
L'pauvre garçon qui n'a-
Vait rien fait pour ça,
Dit en s'voyant griffé :
C'est un peu fort, c'est un peu fort, un peu fort de café.
(*bis en chœur.*)

Certain actionnaire
D'un café tout paré,
Tout doré.
Disait : quell' bonne affaire !
Mais plus tard, en voyant

Son argent
Perdu, dépensé,
Fumé, fricassé,
Il dit tout esbrouffé,
C'est un peu fort, etc. (bis en chœur)

Un époux avec joie
Invite à son festin
Son cousin.
L'café pris, on l'env e
Au café, jouer aux
Dominos,
Bien sûr qu'il dirait,
S'il voyait l'bonnet
Dont il reviendra coiffé :
C'est un peu fort, etc. (bis en chœur.)

LE CAFÉ. Oui, mais...

Nos troupiers en campagne
Font de café tout chaud
Leur fricot.
Il paraît qu'on y gagne
Et qu'ça met l'cœur en train
Et la main.
Car j'entends d'ici.
Dire à l'ennemi
Dont ils ont triomphé :
Ah ! c'est trop fort, c'est trop fort, c'est trop fort de café!
(Bis en chœur.)

FIFRELIN. C'est égal, tu as ton paquet. A présent que je sais qui vous êtes, qu'est-ce que vous me voulez ?
LE SUCRE. Nous voulons que tu restes avec nous.
FIFRELIN. Tiens ! ça me fait penser que je veux m'en aller. Bonsoir.
LE CAFÉ. Tu ne feras pas ça.
FIFRELIN. Vous le verrez bien.
LA FLEUR D'ORANGER. Nous t'en empêcherons. (*Tousse prennent la main et lui barrent le passage.*)

Air : *Chaleur féconde.*

TOUS

Dans cet asile,
Simple et tranquille,
Tu resteras.

FIFRELIN

Tra la la.

TOUS

A nos prières
Franches, sincères,
Tu céderas,

FIFRELIN

Tra la la.

LE CAFÉ.

L'épicerie
Est ta patrie,
Ne t'en vas pas.

FIFRELIN

Tra la la.

LA FLEUR D'ORANGER.

Ici, pour être
Seigneur et maître,
Tu resteras.

FIFRELIN.

Tra la la.

TOUS.

Dans cet asile, etc.

FIFRELIN. Me laissez vous passer, oui ou non ?

TOUS. Non !
FIFRELIN. Ça m'est égal ! Il y a gros à parier que je dors. Je m'en irai quand je serai éveillé.
L'ANISETTE. C'est qu'il le ferait comme il le dit.
LE SUCRE. Comment le persuader ?
LE CAFÉ. J'ai une idée.
LE SEL. Tu en as toujours.
LA FLEUR D'ORANGER. C'est drôle ; moi, j'en donne quelquefois, mais je n'en ai jamais.
LE CAFÉ. Voilà ce que c'est : invoquons Bric-à-Brac, le génie protecteur des marchandises ; où notre éloquence a échoué, son bagout réussira.
LE SAVON. Invoquons, bagasse.
TOUS. Invoquons !

LE CAFÉ.

Air : *de la Dame Blanche.*

Grand Bric-à-Brac, ô puissance divine !
Toi seul encor peux combler notre espoir,
Pour nos sauver apporte ta platine. (bis)
Grand Bric-à-Brac au comptoir, au comptoir,

TOUS.

Grand Bric-à-Brac au comptoir, au comptoir.

SCÈNE X.

LES MÊMES, BRIC-A-BRAC.

BRIC-A-BRAC.

Air *du Domino noir.*

Je tripotais bien loin dans mon petit commerce ;
Mais j'entends votre cri de détresse et j'accours.
S'il faut ici pour vous que mon pouvoir s'exerce,
J'accours (ter) à votre secours.

FIFRELIN. Qu'est-ce que c'est encore que celui-là ?
BRIC-A-BRAC. Qui je suis !

Air *Le tambour* (de M. Chantagne).

Je suis Bric-à-Brac, un p'tit dieu canaille.
Partout je travaille
Et je travaille en tout temps.
Je suis le patron, messieurs et mesdames,
Des puffs, des réclames,
Des maquignons, des charlatans.
J'achète et je vends.

Jadis j'eus pour nom Mercure
Et des ailes aux talons,
Mais à présent j'ai voiture
Et des habits à galons.
Le commerce à bonne enseigne
Au but allait lentement,
Depuis que c'est moi qui règne,
Ça marche tambour battant.
Plan, ran plan.
Je suis Bric-à-Brac, etc.

Jadis était un temps bête,
Où pour charmer le chaland,
Le marchand restait honnête ;
J'aime mieux un boniment.
Vends des clous pour de la graisse ;
Tes clous seront bien vendus,
Pourvu que la grosse caisse
Remplisse la caisse aux écus.
Plan, ran plan.
Je suis Bric-à-Brac, etc.

FIFRELIN. Je ne suis pas suffisamment renseigné.
BRIC-A-BRAC. Laisse-moi d'abord causer avec ces denrées coloniales et autres. Je sais ce que voulez, ça peut se faire ; laisse-moi seul avec lui.
TOUTES. Il restera.
BRIC-A-BRAC. Oui.
FIFRELIN. Non !
BRIC-A-BRAC. Si !

FIFRELIN. Voulez-vous gager?
BRIC-A-BRAC. Faudra voir.

CHŒUR.

Seul avec lui, *(bis)*
Qu'il reste ici,
Je reste ici.
Ne craignez rien,
Tout ira bien. *(Elles sortent.)*

SCÈNE XI.
BRIC-A-BRAC, FIFRELIN.

BRIC-A-BRAC. A nous deux, maintenant; tu as demandé qui je suis?
FIFRELIN *(chantant)*. Une fée, un bon ange.
BRIC-A-BRAC. Non. Je suis le dieu de maquignonage et le roi de la platine industrielle. Je préside à tout ce qui se vend, s'échange, se négocie, se colporte ou se brocante : depuis les peaux de lapins jusqu'aux actions du port de Chaillot, jusqu'à l'ouvrage des pauvres prisonniers, qui se débite sur la voie publique. Ce n'est pas dix sous; ce n'est pas cinq sous, ni quatre sous, ni trois, ni deux; ce n'est pas même un sou. C'est pour rien, messieurs... pour rien... quand j'achète. Quand je vends, c'est plus cher!... Là, te voilà renseigné à présent, qu'en dis-tu?
FIFRELIN. Dam! je dis que vos principes me paraissent un peu...
BRIC-A-BRAC. Un peu...
FIFRELIN. Je voudrais trouver un mot poli... un peu dégoûtant.
BRIC-A-BRAC. Bah! Les affaires sont les affaires. Je ne te dirai pas que tu as été élevé par ton oncle, que tu es aimé de ta cousine et que tu vas leur crever le cœur.
FIFRELIN *(ému)*. Ah! vous croyez?
BRIC-A-BRAC. Ce seraient des bêtises et tu m'appellerais rengaîneur; mais songe que l'épicerie, au temps où nous vivons, ça enrichit son homme en deux ans; voilà qui est à considérer.

AIR *Il Baccio.*

Ah! reste; ah! reste encore,
Reste, leur voix qui t'implore
Te promet ce qu'on adore,
Ce qui rend content, l'argent!
L'argent!
En vain ton esprit renie
Sa magie.
Sans l'argent, la vie
Est sans agrément.
Ah! reste; ah! reste encore, etc.

L'or en cet asile
Habite et j'y vois
Un sol fertile,
Où, sans peine, il germera pour toi.
Par son influence
Tu peux tout avoir,
Bonheur, puissance.
Tout, et tu n'as qu'à le vouloir.
Ah! reste; ah! reste encore, etc.

Ma voix t'a émotionné.
FIFRELIN. C'est vrai; je pense que je pourrais bien avoir cassé ma pipe en la mettant dans ma malle, et ça me tracasse.
BRIC-A-BRAC. Tu es décidé?
FIFRELIN. Oui, oui. Peser de la terre pour de la cassonnade, ça n'est pas une existence.
BRIC-A-BRAC. Tu crois donc que ce commerce-là ne se fait qu'ici? mais partout où tu iras, tu me trouveras. Bric-à-Brac ici, Bric-à-Brac là, Bric-à-Brac partout.

AIR :

Oui, tout se vend aujourd'hui, tout s'achète.
On triche, on vole, on trafique au hasard.
La terre n'est plus ce que Dieu l'a faite,
Et maintenant le monde est un bazar.

C'est jour de fête à la maison commune.
On se marie et l'amour est là. Non!
C'est un marché, c'est une affaire: l'une
Vend sa richesse, et l'autre vend son nom.
Partout l'argent roule, brille, résonne.
Il faut payer le salut qu'on vous fait,
Il faut payer l'éloge qu'on vous donne,
Il faut payer pour être... ce qu'on est.
Il faut payer l'affection, et même,
Par lestament soldant votre héritier,
Après avoir payé pour qu'on vous aime,
Pour qu'on vous pleure il vous faudra payer.
Vertus, attraits, tout est à l'étalage,
Et pour donner du prix à sa beauté,
Plus d'une, hélas! frelate son visage
Avec du fard qu'on lui vend frelaté.
Car tout est faux dans ces tristes négoces.
Donner l'aunage et le poids, pas si sots !
Amitié fausse, amour faux, larmes fausses!
Fausse monnaie en paiement d'objets faux.
L'écrivain vend sa prose, le poète
Sa poésie, et la cote au plus haut.
Prompte à l'appât du bénéfice honnête,
La conscience a son hôtel Drouot,
Et j'en sais même, à cette folle enchère,
Qui, sans pudeur, sans crainte et sans remords,
Afficheraient le tombeau de leur père,
Et voleraient sur la cendre des morts.
Car tout se vend aujourd'hui, tout s'achète, etc.

FIFRELIN. Mâtin! vous n'êtes pas tendre pour l'humanité; on voit bien que vous n'en faites pas partie.
BRIC-A-BRAC. Et je m'en vante.
FIFRELIN. Oui; mais moi! Aussi, je ne vous crois pas.
BRIC-A-BRAC. Veux-tu voir?
FIFRELIN. Dam! quand j'aurai vu, je croirai peut-être.
BRIC-A-BRAC. Hé bien! viens avec moi, tête de bois. Ah! tu n'es guère le neveu de ton oncle, toi!
FIFRELIN. Maman disait que si.
BRIC-A-BRAC. En voilà un qui a l'esprit de son siècle.
FIFRELIN. Mon oncle! il n'a pas d'esprit du tout.
BRIC-A-BRAC. Ta parole! Tiens, regarde!

SCÈNE XII.

LES MÊMES, TRICHARD. *(Il est endormi; il tient un flambeau; son bonnet est surmonté d'une flamme; un petit sac d'argent voltige devant lui; il essaie de l'attraper.—Entrée générale.)*

FIFRELIN. Qu'est-ce que c'est que ça?
BRIC-A-BRAC. C'est l'esprit de ton oncle!
FIFRELIN. Où va-t-il comme ça?
BRIC-A-BRAC. Écoute-le.

TRICHARD.

AIR : *Amoureux de Pontoise.*

Pendant que dans la nuit profonde
Mon corps dort d'un sommeil de plomb,
Moi je cours à travers le monde,
En poursuivant mon papillon.
Ce beau papillon qu'à la course
Je poursuis, c'est un tour malin
Qui ferait tomber dans ma bourse
Les jolis écus du prochain.
Je veux faire affaire,
Et je vais partout
Cherchant un bon coup
A faire. *(bis)*
(Il sort.)

FIFRELIN. C'est drôle, un esprit d'épicier.
BRIC-A-BRAC. C'est très-commun, tu rencontreras celui-ci plus d'une fois sur ton passage. Y sommes-nous?
FIFRELIN. Allons-y.

BRIC-A-BRAC.

Air *du Brasseur*.

Tu vas voir du nouveau.
Ne crois pas, par exemple,
Que ce que l'on contemple
Là-bas soit toujours beau.
Parfois ce sera laid.
Où je veux te conduire
Tu verras, pour t'instruire,
Le monde comme il est.

FIFRELIN.

A m'amuser, oui, je me dispose ;
Je m'en rapporte à cet échantillon.
Déjà je vois, en fait de belle chose,
L'esprit d'mon oncle en bonnet de coton.

TOUS.

Tu vas voir du nouveau, etc.

BRIC-A-BRAC.

Tu verras,
En haut la sottise,
Tu verras
Le mérite en bas,
Tu verras,
Et non sans surprise,
Tu verras
Ce que tu verras.

CHŒUR.

Tu vas voir du nouveau, etc.

DEUXIÈME ACTE.

Un Bazar. — Grande salle à colonnes.

SCÈNE Ire.

LA MARCHANDE DE SANTÉ, LA MARCHANDE DE VERTU, LA MARCHANDE DE PAROLES, LA MARCHANDE DE PLAISIRS.

Au lever du rideau une cloche sonne, les étoiles arrivent.

CHŒUR.

Air : *Polka des deux vieilles Gardes.*

A ce signal
Quittons notre local,
Car il nous dit :
Bon appétit.
Pour nos travaux,
C'est l'heure du repos.
Quand on l'entend
La vente se suspend.

LA MARCHANDE DE SANTÉ. Nous pouvons aller déjeuner, la matinée a été bonne.
LA MARCHANDE DE PLAISIRS. Excellente.
LA MARCHANDE DE PAROLES. Si Bric-à-Brac, notre Maître, faisait sa tournée, il serait content.
LA MARCHANDE DE SANTÉ. Justement, mes sœurs, le voici.

SCÈNE II.

LES MÊMES, BRIC-A-BRAC, FIFRELIN.

CHŒUR.

Air : *Duo d'Olonne.*

Célébrons ici notre maître,
Soyez le bien-venu, seigneur.
Il faut, quand il vient à paraître,
Chanter en chœur en son honneur.

BRIC-A-BRAC.

Je suis plein de reconnaissance
De cet accueil qui me confond ;
Mais gardez tant de bienveillance
Pour les gens qui vous la paieront.

ENSEMBLE.

Célébrons ici notre maître, etc.

BRIC-A-BRAC. Hé bien ! les affaires, ça marche-t-il ?
LA MARCHANDE DE PAROLES. Parfaitement mal.
LA MARCHANDE DE SANTÉ. Tout de travers. Un vrai gâchis.
BRIC-A-BRAC. C'est bien ; je suis content de vous, allez, et au premier coup de cloche, soyez là.
LA MARCHANDE DE SANTÉ. Soyez tranquille, maître.

REPRISE DU CHŒUR.

A ce signal, etc.

(*Elles sortent.*)

SCÈNE III.

FIFRELIN, BRIC-A-BRAC.

FIFRELIN. Voilà des marchandes qui donnent envie d'acheter.
BRIC-A-BRAC. Je crois bien ; tu es ici dans le bazar des Étoiles.
FIFRELIN. Merci. Qu'est-ce que c'est ?
BRIC-A-BRAC. C'est une belle spéculation qui a mal tourné.
FIFRELIN. C'est comme qui dirait le bazar Bonne-Nouvelle.
BRIC-A-BRAC. Voici le fait :

Air *de Nadaud.*

Un beau jour les hommes trouvèrent
Que leur sort n'était pas heureux,
Et leurs murmures s'élevèrent
Jusqu'au trône du roi des dieux.
Ces clabaudages me déplaisent
Et m'ennuient, dit le bon Jupin ;
Mettons, pour que ces gens se taisent,
Une ralonge à leur destin.
Puis il fit un signe aux étoiles,
Joyaux que la coquette nuit
Par milliers attache à ses voiles.
Elles vinrent... Jupin leur dit :
Allez et faites-vous marchandes ;
Aux mortels, toi, vends la santé ;
Toi, là-bas, je veux que tu vendes
La raison, et toi la gaieté.
Pour la justice, il faut qu'on ouvre
Un immense établissement,
Et que les magasins du Louvre
Soient pleins de vertu seulement.
Fut dit, fut fait. A la boutique
On vint... Mais l'étrange animal,
L'homme, est bien mauvaise pratique,
Et le commerce alla très-mal.
L'un trouvait l'article trop maigre
Et l'autre le trouvait trop cher.
Ils goûtaient et disaient : C'est aigre !
Ou : c'est fadasse, ou : c'est amer.
Parfois ils faisaient des commandes,
Mais pour recéder leur achat,
Qui de main en main aux marchandes
Revenait,... mais dans quel état !
On remettait l'objet en vente,
Fané, sale, en loques, roussi ;
Car Jupin que ça mécontente
Ne faisait plus d'envois. Aussi
Ce bazar, que ton œil contemple,
Comme un temple qu'un dieu fonda,
N'est plus, en effet, qu'un vrai temple,
Temple du décrochez-moi ça.
C'est un tripot, c'est un repaire,
Un coupe-gorge, et dans ce lieu
Tu vas voir ce que sur la terre
On fait des présents du bon Dieu.

FIFRELIN. Est-ce que je serai forcé d'acheter ?
BRIC-A-BRAC. Pas du tout ; il y a sur la porte : Entrée libre.

FIFRELIN. Ça se trouve bien, parce que...
BRIC-A-BRAC. Tu as oublié ta bourse?
FIFRELIN. Oui. Et puis, je l'aurais prise,... il n'y avait rien dedans.
BRIC-A-BRAC. C'est une maladie dont elle ne se guérira pas tout de suite, de la façon dont tu t'y prends. *(cloche)* Ah! le marché va se rouvrir, je te laisse.
FIFRELIN. Tout seul! C'est que je ne suis pas hardi dans les boutiques.
BRIC-A-BRAC. N'aie pas peur; je reviendrai te chercher. Tiens, voici déjà une marchande; elle ne te mangera pas, va.

AIR : *Robin des Bois.*

A revoir! je pars pour la Chine,
Où les révoltés sont en train
De marchander, et ça lambine
La trahison d'un mandarin.

REPRISE. — ENSEMBLE.

A revoir, il part pour la Chine, etc.

SCÈNE IV.
LA MARCHANDE DE SANTÉ, FIFRELIN.

FIFRELIN *(à part)*. C'est bête; mais il n'y a pas à dire, je ne suis pas hardi dans les boutiques. J'ai envie de m'en aller.
LA MARCHANDE DE SANTÉ. Achetez-moi quelque chose, mon joli monsieur.
FIFRELIN *(à part)*. Ah! j'aime mieux ça. *(Haut.)* Merci, madame! C'est que... je n'ai besoin de rien.
LA MARCHANDE DE SANTÉ. On a toujours besoin de ce que je vends.

AIR *des Canotiers.*

L'article que je tiens
Est le plus grand des biens.
Sans lui rien ne sait plaire,
Toute joie est amère.
Avec lui pas d'ennui.
On trouve, grâce à lui,
L'existence charmante,
Et l'on rit et l'on chante:
Tra la, la, la, la !

L'article que je tien,
D'un facile entretien,
Ne boit que de l'eau claire
Et hait la bonne chaire,
Dort le long de la nuit,
Reprend, quand le jour luit,
Le travail qu'il adore,
Et chante dès l'aurore :
Tra la, la, la, la !

FIFRELIN. Bon! j'ai compris. Vous débitez l'art de se bien porter en société.
LA MARCHANDE DE SANTÉ. Marchande de santé, en gros et en détail. Pour combien vous en peserai-je?
FIFRELIN. Oh! je ne suis pas bien gros.
LA MARCHANDE DE SANTÉ. Je vais vous soumettre quelques échantillons.
FIFRELIN. Mais c'est que... *(Il frappe sur sa poche.)*
MARCHANDE DE SANTÉ. Ça n'engage à rien. Holà! mes comm i.

SCÈNE V.
LES MÊMES, ALLOPATHE, HYDROPATHE, HOMÉOPATHE.

ALLOPATHE.

AIR : *Isambard.*

Je suis le docteur Allopathe,
Pathe, pathe, pathe, pathe.
Ma médecine est d'un' bonn' pâte.
Pâte, pâte, pâte, pâte, pâte.
Je fais c' qu'on faisait avant nous,
Tzin la la boum, la la boum!
Si c' n'est pas bon, tant pis pour vous.
Ah! ah! ah! ah !

HYDROPATHE.

Je suis le docteur Hydropathe.
Pathe. (10 *fois*)
J' guéris par eau, ça vous épate.
Pate. (10 *fois*)
D'un noyé j'ai sauvé la peau,
Tzin la la boum, la la boum!
En l'infusant dans un seau d'eau.
Ah! ah! ah! ah!

HOMÉOPATHE.

Je suis l' docteur homéopathe.
Pathe. (10 *fois*)
Si vous vous cassez une patte,
Pathe. (10 *fois*)
Afin d' raccommoder cell'-ci,
Tzin la la boum, la la boum!
Je vous casserai l'autre aussi.
Ah! ah! ah! ah!

LA MARCHANDE DE SANTÉ. Examinez, monsieur, et tâchez de l'arranger.
HOMÉOPATHE *(très-doux)*. Voyons! mon bon ami, confiez-moi votre bras.
FIFRELIN. Mais...
HYDROPATHE *(très brusque)*. Le pouls donc, puisqu'on vous le dit. *(Ils lui prennent chacun un bras.)*
ALLOPATHE. Tirez la langue?
HYDROPATHE *(brusquement)*. Hum !
HOMÉOPATHE. Hum! dites-nous un peu ce que vous éprouvez?
FIFRELIN. Moi!
HYDROPATHE *(brusquement)*. Vous devez éprouver quelque chose. Parlez donc!

FIFRELIN.

AIR :

De m'asseoir j'ai souvent envie,
Quand j'ai fait beaucoup de chemin ;
Je me sens la tête alourdie,
Lorsque j'ai bu pas mal de vin.
Ah! encore un autre symptôme :
Quand je laisse un temps un peu long.
Entre mes repas, je me sens comme
L'estomac, là, dans le talon.

HYDROPATHE. Hum! très-mauvais.
HOMÉOPATHE. Hum! Ce ne sera rien... Avec beaucoup de soins.
FIFRELIN. Ah! ça, je suis donc malade. Qu'est-ce qu'il faut prendre?
HYDROPATHE. De l'eau.
HOMÉOPATHE. Des petites boules. *(A Allopathe.)* Votre avis, confrère?
ALLOPATHE. Hein! Quoi! Comme vous voudrez... Saignez-le
HOMÉOPATHE. Ce sera donc pour vous être agréable.
ALLOPATHE. Oh! je n'y tiens pas. Ça m'est égal... Seulement, si on ne le saigne pas, c'est un homme mort.
HOMÉOPATHE. Sans les petites boules, je ne le vois pas blanc.
HYDROPATHE. S'il ne se jette pas dans l'eau la tête la première, il n'en a pas pour deux jours.
FIFRELIN. Mon Dieu, mon Dieu, me voilà bien! me voir tranché à la fleur de l'âge.
HOMÉOPATHE. Je ne comprends pas qu'on hésite, le diagnostic est des plus simples.
HYDROPATHE. Certainement.
HOMÉOPATHE. Regardez-moi ces yeux caves, ce teint verdâtre : c'est le pylore qui est malade.
HYDROPATHE. Erreur! Examinez-moi ces tons jaunes,

ce nez décoloré, cette lèvre pendante, cette face hébétée : c'est le foie qui est attaqué.

HOMÉOPATHE. C'est le pylore.

HYDROPATHE. C'est le foie. Il est évident que le sujet est en proie à une fièvre intense.

HOMÉOPATHE. Assez intense, en effet.

FIFRELIN. Ah! les voilà d'accord.

HYDROPATHE. Il faut la combattre par des affusions abondantes.

HOMÉOPATHE. Il faut l'augmenter par l'ingestion de globules appropriés.

HYDROPATHE. Diminuez la fièvre et vous arriverez à la supprimer.

HOMÉOPATHE. Augmentez-la et vous la supprimerez aisément. Il est plus facile de couper une pomme qu'un grain de moutarde.

HYDROPATHE. C'est le raisonnement d'un ignorant.

HOMÉOPATHE. Il n'y a qu'un âne qui puisse le dire.

HYDROPATHE. Confrère!

HOMÉOPATHE. Confrère!

ALLOPATHE. Ne vous dites donc pas vos vérités devant le monde. Vous êtes bien bons de vous disputer. Est-ce que ça en vaut la peine? Une saignée, et que ça finesse.

HYDROPATHE. De l'eau.

HOMÉOPATHE. Des petites boules.

FIFRELIN. Sapristi! me voilà bien. Qui me tirera de là?

LA MARCHANDE DE SANTÉ. Alerte, messieurs! on vous demande.

HYDROPATHE. Où ça?

LA MARCHANDE DE SANTÉ. Rue de la Huchette, au sixième.

HOMÉOPATHE. Passez, messieurs.

ALLOPATHE. Passez vous-même.

HYDROPATHE. Je n'en ferai rien.. Vous êtes mon ancien.

LA MARCHANDE DE SANTÉ. Et puis rue de la Paix, chez la marquise de Grandavoir, dont la levrette a avalé de travers.

ALLOPATHE. J'y vais.

HOMÉOPATHE. J'y cours.

HYDROPATHE. J'y vole.

ENSEMBLE.

AIR : *Bruno.*

Le devoir nous invite.
Sans perdre un seul instant,
Il faut répondre vite
A l'appel du client.

HOMÉOPATHE.

L'affaire est à moi, je la garde.

ALLOPATHE.

Non, c'est à moi qu'elle appartient.

HYDROPATHE.

C'est moi que la chose regarde.

ALLOPATHE.

Permettez, je suis votre ancien.

ENSEMBLE.

Le devoir nous invite, etc.

(*Ils sortent en se bousculant.*)

SCÈNE VII.

FIFRELIN, *puis* LA MARCHANDE DE PAROLES, BREDOUILLARD, LAMBINET.

FIFRELIN. Ah! les voilà partis... Ça va déjà mieux.

LA MARCHANDE DE PAROLES.

AIR : *les Fourches-Claudines.*

Ma marchandise est utile,
Il faut parler pour charmer,
Parler pour paraître habile,
Parler pour se faire aimer.
J'ai des paroles puissantes
Pour tout, et j'en puis fournir,
Pour dire vrai, d'excellentes,
De meilleures pour mentir.
Achetez (*ter*), messieurs! je suis
La marchande de paroles,
Hyperboles, rocamboles,
Je vends tout à juste prix.
Achetez! (*ter*) paroles à juste prix.

FIFRELIN. Drôle de commerce que vous faites là! Et ces messieurs...

LA MARCHANDE DE PAROLES. Ce sont mes principaux placiers. Ils débitent ma marchandise.

FIFRELIN. Et ils ont un joli débit!

LA MARCHANDE DE PAROLES. Vous allez en juger.

SCÈNE VIII.

LES MÊMES, M. ET Mme COQUARDEAU.

COQUARDEAU (*entrant vivement*). Un avocat! un avocat!

LA MARCHANDE DE PAROLES. Contre qui?

COQUARDEAU. Contre ma femme, que j'accuse de conversation indélicate.

MADAME COQUARDEAU (*entrant vivement*). Un défenseur! un défenseur!

LA MARCHANDE DE PAROLES. Pour qui?

MADAME COQUARDEAU. Pour moi, qui accuse mon mari de m'accuser injustement.

LA MARCHANDE DE PAROLES (*aux avocats*). Choisissez, messieurs.

BREDOUILLARD (*très-vite*). Plaider pour la femme est bon ; plaider pour le mari n'est pas mauvais. J'en conclus que ça m'est égal.

LAMBINET (*très-lentement*). Je n'ai pas de préférence.

LA MARCHANDE DE PAROLES. A vous la demande, maître Bredouillard. Maître Lambinet, à vous la défense (*Ils remontent avec les clients*).

FIFRELIN. Cette indifférence me charme.

LA MARCHANDE DE PAROLES. Oh! pourvu qu'ils parlent!..

AIR:

Coulants sur le choix de la cause,
Qu'il faille dire noir ou blanc,
Pour eux c'est toujours même chose.

FIFRELIN.

Ils sont gentils pour ça, vraiment.
Mais cela s'explique, il me semble;
Car, grâce au mélange indécis
Que font noir et blanc mis ensemble
Pour eux tous les clients sont gris.

COQUARDEAU (*à Bredouillard*). Vous trouvez mon affaire bonne?

BREDOUILLARD. Excellente!

MADAME COQUARDEAU. Ma cause vous paraît sûre?

LAMBINET. Délicieuse!

BREDOUILLARD. Ce sera charmant à plaider. Messieurs! dirai-je...

AIR : *Paris le matin.*

Ma cause est facile
Et je suis tranquille,
Car imbécile,
Ce sot, ce crétin
Devant vous postu'e
Pour qu'on l'intitule
Époux... ridicule.
Il l'est, c'est certain ;
Dans son ménage,
Femme peu sage.
Du cousinage
Abusait très-bien.
L'injure faite
Était complète ;

Il est si bête
Qu'il ne voyait rien.
Mais enfin sa tête
Sentit cette aigrette,
Qui pousse et végète
Au front des maris.
Jugez quel dommage !
N' pouvoir à son âge
Trouver un passage
Sous la porte St-Denis !
Que votre justice,
Sévère et propice,
Le venge et punisse
Le tort qu'on lui fait.
Rendez, pour sa gloire,
La chose notoire.
A qui voudrait croire
Qu'il n'est pas ce qu'il est.

J'ai dit.
FIFRELIN. C'est un train express, grande vitesse !
COQUARDEAU. Bravo ! très-bien ! voilà ce que je veux.
LAMBINET. Pas si vite. (*Il tousse et se mouche.*) Et d'abord... *nego delictum.*

AIR : *Aussitôt que la lumière*

Il est un fait authentique
Et qui sera constaté :
Le cousin qu'on nous fabrique
N'a jamais même existé.
Plus d'alarmes ni de guerre,
Soyez calme, heureux époux !
Jamais mari sur la terre
N'fut moins cousiné que vous.

FIFRELIN. Hue, donc ! Celui-là, c'est un coucou ! le mari aurait dû le prendre !
BREDOUILLARD. Le fait est controuvé.
LAMBINET. J'ai la preuve, Messieurs Ne m'interrompez pas. Tout est extraordinaire, dans cette cause, qui comptera dans les annales judiciaires. Que nous reproche-t-on, en effet ?
BREDOUILLARD. Tout !
LAMBINET. Ne m'interrompez pas ! Le grand grief de la demande, c'est un bain. Or, le bain n'a-t il pas été, de tout temps, le délassement favori de cette belle partie du genre humain que l'antiquité divinisait sous les traits de Vénus sortant de l'onde ? M. Coquardeau ne va peut-être jamais au bain, lui ?
BREDOUILLARD. Jamais !
COQUARDEAU. Mais...
BREDOUILLARD. Taisez-vous donc !
LAMBINET. Jamais ! Vous l'avez entendu, messieurs ! je retiens cet aveu. Mais est-ce une raison pour que madame Coquardeau s'abstienne de ce devoir social qui constitue, vous connaissez cette belle parole, messieurs, qui constitue, dis-je, une demi-vertu.
BREDOUILLARD. Une demi-vertu ne suffit pas.
LAMBINET. Ne m'interrompez pas.
BREDOUILLARD. Ta, ta, ta ! vous laissez de la place entre vos paroles, je m'y insinue ; ce n'est pas interrompre.
LAMBINET. Vous ne m'empêcherez pas de prouver que votre client est un imbécile.
BREDOUILLARD. Je l'ai dit moi-même.
LAMBINET. Et qu'il est indigne de posséder une épouse aussi sage que cette intéressante victime de la plus odieuse calomnie.
COQUARDEAU. On me ruine ! On m'assassine !
FIFRELIN. Vous ! vous devez être enchanté.
COQUARDEAU. Hé bien ! et mes dommages-intérêts ?
FIFRELIN. Ah ! excusez ! il fallait dire ça tout de suite !
COQUARDEAU. Mais nous verrons à l'audience.
LA MARCHANDE DE PAROLES. A l'audience !
TOUS. A l'audience !

AIR : *Des compliments de Normandie.*

Nous verrons à l'audience

Si nos arguments sont bons.
Plaidons ! (*bis*)
On jugera nos raisons ;
En mon droit j'ai confiance,
Je ne crains pas les affronts,
Allons ! (*bis*)
On verra quand nous plaid'rons.
Je crois mes argumens bons ;
On jugera nos raisons.
On verra quand nous plaiderons
Si mes arguments sont bons.

(*Ils remontent*)

SCÈNE XI.

LES MÊMES, BRIC-A-BRAC, TOUTES LES MARCHANDES

BRIC-A-BRAC. Hé bien ! qu'en dis-tu ?
FIFRELIN. J'en suis de là.

AIR : *La robe et les bottes.*

A l'éton'ment mes préjugés succombent.
Je vois que je n' savais rien du tout,
Et je sens que les bras m'en tombent.

BRIC-A-BRAC.

Retiens-les, tu n'es pas au bout.
Et si les bras te tombent des épaules
A chaqu' surprise, il te faudra passer,
Tant tu verras encor de choses drôles,
Tout ton temps à les ramasser.
Les bras t'omb'ront si souvent des épaules
Que tu n'auras pas l'temps d'les ramasser.

FIFRELIN. Aussi, je renonce à cette exploration. Il y a quelque chose à quoi tu ne peux pas toucher.
BRIC-A-BRAC. Ça m'étonne.
FIFRELIN. L'art, la poésie, la littérature : ça n'est pas sous ta coupe, ça, mon gaillard.
BRIC-A-BRAC Non, si peu !
FIFRELIN. La Presse me tend des bras désintéressés ; j'irai m'y jeter.
BRIC-A-BRAC. Vas-y.
FIFRELIN. Où demeure-t-elle ?
BRIC-A-BRAC. Passage du Commerce.

AIR : *Geneviève de Brabant.*

Passage du commerce,
Tu trouveras d'autres marchands,
D'autres marchands
D'autres chalands,
Achetants et vendants.
C'est là que l'on exerce
Le négoce des talents
Petits et grands (*bis*)
C'est la traite des talents.
En ce monde étrange et bizarre,
Je te l'ai dit, partout tu me trouv'ras,
L'esprit ici bas n'est pas rare,
Quand tu verras ce trafic-là, gare à tes bras !
Tu verras, vas.

REPRISE EN CHŒUR.

Passage du commerce, etc., etc.

(*Ils sortent.*)

CHANGEMENT A VUE

2ᵉ Tableau.

Un Atelier fantastique. — Presses, — livres, — journaux, etc.

SCÈNE Iʳᵉ.

LA PRESSE, DEUX GARÇONS.

LA PRESSE.

Portez ces livres aux libraires,
Grâce aux progrès, mes affaires vont bien,
J'ai des marchandises très-chères,
Mais il en est qu'j'espère bientôt donner pour rien
Pour combien ? rien.
Passage du commerce, etc, etc.

(*Les garçons sortent*)

SCÈNE II.
LA PRESSE seule.

LA PRESSE, *seule*. Oui, ce serait le dernier mot de la librairie. Donner la littérature pour rien et gagner dessus.
FIFRELIN. Peut-on entrer?
LA PRESSE. Toujours.
FIFRELIN. Mme la Presse, s'il vous plaît.
LA PRESSE. C'est moi! Je vous attendais. J'ai été prévenue par le maître.
FIFRELIN. Bric-à-Brac! C'est aussi votre maître, à vous?
LA PRESSE. C'est mon génie, je ne m'en connais pas d'autre.

AIR : *La corde sensible.*

Je fabrique,
Je trafique,
C'est un plaisir, un bonheur!
Ma fabrique,
Je m'en pique,
Fabrique tout à la vapeur.

Un grand journal qui s'allume
Désire un grand feuill'ton; pour
Livrer l' trentième volume,
Je ne demande qu'un jour!
Je fabrique, etc., etc.

Il faut voir comme ça chauffe
Lorsque le commerce va,
Avec grand comm' ça d'étoffe,
J' fais un livre gros comme ça!
Je fabrique, etc., etc.

Parfois d'leurs propres histoires,
Mes barbouilleurs veus font part
A qui le prix de mémoires?
Ça s'ra pour le plus bavard.
Je fabrique, etc., etc.

Il faut être, pour écrire,
Cordier, maçon, charpentier.
C'est maintenant qu'on peut dire :
Un ouvrag' sur le chantier.

ENSEMBLE.

L'on fabrique,
L'on trafique, etc., etc.

FIFRELIN. Mais, dans ce métier-là, la main-d'œuvre doit coûter cher, au prix où est le beurre.
LA PRESSE. Ça dépend.

SCÈNE III.
LES MÊMES, LE ROMAN-FEUILLETON.

LE ROMAN-FEUILLETON. Ah ça! se fiche-t-on de moi? Comment! personne pour me recevoir et pour chanter un chœur quand j'arrive!
LA PRESSE. Mille pardons, seigneur, si j'avais pu prévoir...
FIFRELIN. Qui est ce personnage?
LE ROMAN-FEUILLETON. Le Roman-feuilleton, mon petit, rien que ça. Et il ne faut pas qu'on se fiche de moi.

AIR : *Enfants de Bacchus.*

Dire en cent feuilletons toujours la même chose,
Mélanger savamment haine, amour, plomb et fer,
Laisser adroitement, au bout de chaque dose,
Le poison dans la coupe et le poignard en l'air,
Voilà l'art. Tout va bien, pourvu que j'intéresse
Et tire sur mes pas l'abonné comme en laisse!
Trop heureux abonné, sans ça je m'en fich'rais,
Qu'l'intérêt du lecteur serve à mes intérêts.

ENSEMBLE.

Voilà l'art; tout va bien pour qu'il intéresse, etc.

LA PRESSE. Me permettez-vous de m'informer, seigneur, si vous avez songé à ma demande?
LE ROMAN-FEUILLETON. Une septième suite à mon roman : Les Casseuses d'assiettes! ça peut se faire. J'ai même une jolie idée. C'est un cocher de fiacre qu'on coupera en deux; de façon qu'il y en aura une moitié dans un feuilleton, et l'autre moitié au prochain numéro.
FIFRELIN. C'est admirable!
LA PRESSE. Renversant!
LE ROMAN-F. Vous savez mes conditions? Cent mille francs... et nourri.
LA PRESSE. Vous les aurez!
LE ROMAN-F. J'y compte. Et souvenez-vous que je n'aime pas qu'on se fiche de moi.

AIR : *des Barbettes.*

J'suis conteur, et ma grande affaire
C'est de conter pour rendr' le mond' content,
Mais en fait de contes, ma chère,
C'que j'aim' le mieux à compter, c'est l'argent.

REPRISE EN CHŒUR.

Il est conteur, et son affaire, etc., etc.

(*il sort*)

SCÈNE IV.
LES MÊMES, LE ROMAN A UN SOU.

FIFRELIN. A la bonne heure! Vous traitez gentiment vos fournisseurs; ça donne envie ne s'adonner à cette fabrication.
LA PRESSE. Il faut bien être poli. Ah! vous voilà, monsieur le Roman à un sou, la chandelle populaire; vous arrivez comme de cire.
FIFRELIN. Pour recevoir un suif!
LE ROMAN A UN SOU. Eh bien, quoi! Où que ça vous blesse?
LA PRESSE. Comment! Dans votre dernier numéro vous mettez une duchesse en scène, et vous lui faites dire, en parlant de son mari : En voilà un coco qui a du vice dans la toupie!
LE ROMAN. Ah! toujours du battage?
LA PRESSE. Je vous préviens que ça n'a pas plu.
FIFRELIN. On devient si difficile!
LE ROMAN. Ah! Ecoutez-donc!

AIR : *Les 20 sous de Périnette.*

Vous me vendez pour un sou,
Et votre caissier rechigne
A m' payer un sou la ligne
Ma prose topinambou.
J' vous trouve encore assez bonne !
Pour le prix que l'on y met,
Faudra bientôt qu'on vous donne
Du Pascal et du Bossuet.
Moi, je suis marchand de galette,
Je n' peux pas donner l' Pérou
Quand le passant qui m'achète
M'dit : Coupez-moi-z en pour un sou.

FIFRELIN. Il ne le peut pas; faut être juste.
LA PRESSE. Le prix n'y fait rien. Je vous paie : soignez votre style ou je vous balaie. Ouste!
LE ROMAN. C'est bon! On mettra des manchettes à ses phrases.

REPRISE ENSEMBLE.

Il est marchand de galette, etc., etc.

(*il sort*)

SCÈNE V.
LA PRESSE, FIFRELIN.

LA PRESSE. Il faut être raide avec ces gens-là!
FIFRELIN. Parbleu!

AIR : *J'en guette un petit de mon âge*

Cette justic' rationnelle
Me rappelle de quelle façon
Ça se passait à la mutuelle
Où s'acheva mon éducation,

J'avais alors des trucs pareils aux vôtres.
J' n'étais pas fort, et j'étais très-mauvais;
Les grands souvent m'flanquaient des coups, mais
Je me rattrapais sur les autres.
Vous vous rattrapez sur les autres.

Et comme j'ai peur d'être dans les autres, je donne ma démission de romancier.

LA PRESSE. Et que veux-tu faire?

FIFRELIN.

AIR : *des Cosaques.*

Je veux parler aux foules sympathiques,
Charmer les yeux, les esprits et les cœurs,
Je veux ouïr les flatteuses musiques)
Qu'on se choquant font les mains des claqueurs.
Je veux toucher le public qui s'attriste,
Toucher le cœur de l'actrice en faveur,
Je veux toucher la main du grand artiste, } bis.
Je veux toucher surtout des droits d'auteur

LA PRESSE. A la bonne heure! tu te formes!

SCÈNE VI.

LES MÊMES, LA CRITIQUE.

LA CRITIQUE. Bonjour, ma chère!
LA PRESSE. Ah! pour en arriver où tu veux, il faut d'abord te concilier la faveur de cette dame-là!
FIFRELIN. Elle ne me fait pas peur.
LA CRITIQUE. Quand vous me connaîtrez, vous ne direz peut-être pas ça! Je m'appelle la Critique!

AIR : *Minet* (M. Chautagne).

J'ai toute l'aimable douceur,
Toute la grâce d'une chatte;
Je bois du lait avec bonheur
Et fais ronron quand on me flatte.
Mais avec mes yeux demi-clos,
Sans avoir l'air de rien, je veille
Et, tout en faisant le gros dos,
J'ouvre l'œil et je tends l'oreille.
Petit minet n'aime pas bien
Qu'on écrive une seule ligne
Sans savoir ci ça lui convient,
Et si vous ne lui dites rien,
Petit-minet, pfss... vous égratigne.

FIFRELIN. Bon! je vous connais maintenant, et je sais qu'il faut vous gratter l'épaule... Mais je n'en use pas.

AIR : *Le Fleuve de la vie.*

Non, vous n'aurez pas ma pratique,
Je sais que vous assaisonnez
Vos tartines d'un sel attique,
Qu'aiment fort ceux que vous prônez.
Mais d'vos colonn's moi je m'écarte
Comme d'un restaurant trop stylé,
Car c' qu'on y sert de plus salé,
Quelquefois c'est la carte.

LA PRESSE. Imprudent!
LA CRITIQUE. Laissez! je lui pardonne. (*A part*) Je le repincerai. (*Haut*) Monsieur veut donc travailler pour le théâtre? Monsieur a un nom, je suppose?
FIFRELIN. Tiens! c'te bêt... Certainement... Narcisse Fifrelin!
LA CRITIQUE. Ça ne suffit pas. Vous n'arriverez jamais seul. Je vais vous donner un appui. Holà! Collabo!

SCÈNE VII.

LES MÊMES, COLLABO, JULES.

COLLABO. Voilà, madame, à votre service.
LA CRITIQUE. Causez avec monsieur; il a une idée.
COLLABO. Volontiers! Je suis toujours prêt à venir en aide aux débutants. Parlez, jeune homme; de quoi s'agit-il?
FIFRELIN. Mon Dieu! monsieur, voilà ce que c'est. J'ai rêvé un drame en treize actes.

COLLABO. Bonne coupe! Le titre?...
FIFRELIN. Le Cordon bleu du quai de la Tournelle!
COLLABO. Parfait!
FIFRELIN. C'est une cuisinière qui s'appelle Marguerite et qui est Bourguignonne. Elle reçoit des militaires pendant l'absence de ses maîtres, et quand les militaires... c'est-à-dire les maîtres rentrent, elle jette les militaires dans l'eau... par le trou de l'évier.
COLLABO. Ça me paraît tout à fait neuf.
FIFRELIN. J'ai même déjà fait une tirade. Il y en a un qui dit à l'autre... non, c'est l'autre qui dit à l'un : N'avez-vous pas remarqué que ce doivent être de grosses cuisinières?

AIR : *Simple soldat.*

Avez-vous vu leurs doigts tout écaillés?
Ce sont de grosses cuisinières!
Elles portent des tabliers,
Ce sont de grosses cuisinières,
Dans vos amours de garnison!
Oh! Oh! ce sont de grosses cuisinières.
Avez-vous bu jamais pareil bouillon?
Flaire des mains sentant plus fort l'ognon?
Ce sont de grosses cuisinières!
Oh! de très-grosses cuisinières!

COLLABO. Bravo! ça me va! Nous ferons la pièce.
FIFRELIN. Nous!
COLLABO. Dam! nous en avons causé... j'en suis, naturellement!
FIFRELIN. Ah! (*à part*) me voilà deux.
COLLABO. Attendez! Vous me paraissez bien... novice; nous ne nous en tirerons pas. (*Appelant.*) Jules!
JULES (*entrant*). Cher ami!
COLLABO. C'est ma trompette. Un ami qui se charge de dire tout haut de moi ce que j'en pense tout bas. Jules, va trouver Machin, tu sais... au café, et dis-lui que j'ai une affaire à lui proposer. (*A Fifrelin*) Il nous sera très-utile.
FIFRELIN. Trois, alors!
JULES. J'y vais, cher ami. Je suis de la pièce, n'est-ce pas?
COLLABO. Naturellement. Il est très-bon pour les commissions.
FIFRELIN. Quatre!
LA PRESSE. Eh bien! Vous entendez-vous?
LA CRITIQUE. Ça marche-t-il?
COLLABO. Très-bien. Voulez-vous en être?
FIFRELIN. Cinq!
COLLABO. Toutes les deux?
FIFRELIN. Six!
COLLABO. Ça vous effraie? mais la collaboration, il n'y a que ça!

AIR :

Collaborons, collaborons!
Règle éternelle,
Universelle.
Quand tout nous dit: collaborons!
A ce précepte obéissons.

Pour mettre à fin un' soupe aux pomm's de terre
Il a fallu d'abord l'astre vermeil,
Puis la terr', l'eau, le feu, la cuisinière,
Vous croyez-vous plus malin que le soleil?

TOUS. Collaborons, etc.

LA CRITIQUE.

On voit courir plus d'un vivant chef-d'œuvre,
Dont la naissance eut au moins deux auteurs.
Un seul des deux sait ça au juste à son œuvre,
Combien il eut de collaborateurs.

TOUS. Collaborons, etc.

LA PRESSE.

Pour faire un clou, mêlant leurs forces jointes,
Cent ouvriers à l'œuvre se sont mis.
Un vaudeville est tout rempli de pointes,
Pour l'accomplir on peut bien se mettre dix.

TOUS. Collaborons, etc.

FIFRELIN.

Auteur, mari, j'aime peu cet usage,
Comme écrivain, je l'accepte à regret,
Mais, une fois époux, dans mon ménage,
Je r'cevrais mal celui qui me dirait :

TOUS. Collaborons, etc.

COLLABO. Allons ! ne flânons pas. A la besogne, jeune homme. Ecrivez sur les indications que je vous ai données.
FIFRELIN. Vous ne m'avez rien dit !
COLLABO. Allez toujours ! Et dans trois mois la représentation.
FIFRELIN. La représentation !

Même air.

Ah ! ce mot seul me remplit de courage,
En y pensant, je me sens frissonner

COLLABO.

Travaillons-donc, partageons-nous l'ouvrage,
Allez piocher, moi... je m'en vais dire :

ENSEMBLE.

Collaborons, etc., etc.

4e Tableau.

Le théâtre représente les coulisses.—La scène est au fond.

SCÈNE 1re

LUCIDOR, FLORINE, LE RÉGISSEUR, UN POMPIER, CAVALCADOUR.

LUCIDOR. Crois-tu que ça puisse réussir ?
FLORINE. Je n'ai pas bonne idée. Les avant-scènes sont mal composés. Il n'y a que des femmes.
LUCIDOR. Ah ! dam ! quand je joue !... malheureusement, mon rôle est bien court.
LE RÉGISSEUR. Allons ! c'est lancé. Où est Calvacadour?... et madame Couranville? Appelez-les.
CAVALCADOUR. Comment ! c'est levé, et on ne m'a pas prévenu ?
LE RÉGISSEUR. J'ai sonné.
CAVALCADOUR. Quand on a des appointements comme les miens...
LE RÉGISSEUR. Hé ! monsieur ! (*à part*). En voilà un rasoir.
CAVALCADOUR. Je vous apprendrai qui je suis ! Et maintenant prévenez-moi.
LE RÉGISSEUR. Puisque vous le savez.
CAVALCADOUR. Qu'est-ce que ça fait ! Quand on a des appointements comme les miens, on a droit à des égards.
LE RÉGISSEUR. Mais...
CAVALCADOUR. C'est bon ! laissez-moi passer. (*Il entre en scène.*) Dix gandins contre un troubad... C'est onze de trop.
LE RÉGISSEUR (*à part*). Ah ! quel esbrouffeur !
MADAME COURANVILLE (*entrant*). Décidément, je n'entrerai pas.
LE RÉGISSEUR (*à part*) Toujours la même balançoire.
MADAME COURANVILLE. Et on verra comment ça marchera sans moi.
LE RÉGISSEUR (*à part*). Oui, je la connais. (*Haut*) Et pourquoi ?
MADAME COURANVILLE Parce que l'on était convenu que j'aurais un galon d'or à ma robe ; on ne l'a pas mis, je n'entrerai pas.
LE RÉGISSEUR. A votre aise, madame.
MADAME COURANVILLE. Et tâchez qu'on se taise dans les coulisses pendant que je serai en scène.
LE RÉGISSEUR. Passez donc de l'autre côté, vous allez la manquer.

SCÈNE II.

LES MÊMES, GUIBOLINA, Mme ABRAHAM, DINAH.

MADAME COURANVILLE (*poussant madame Abraham qui entre*). Prenez donc garde ! Ah ! quelle pétaudière que ce boui-boui-là. (*Elle sort.*)
LE RÉGISSEUR. Madame Abraham, je vous ai déjà dit que je ne veux pas de vous dans les coulisses.
MADAME ABRAHAM. C'est ça, pour que mes nièces causent avec le premier venu.
LE RÉGISSEUR. Je ne veux pas non plus de danseuses ; vous entendez, Dinah !
MADAME ABRAHAM. Ne me quitte pas.
LE RÉGISSEUR. Et toi aussi, Florine, va donc ; elle va manquer son entrée. Mademoiselle Guibolina, je ne veux pas de danseuse dans les coulisses.
GUIBOLINA. Ah ! zut ! il y a trop de daims dans le foyer. Il n'y a pas moyen de travailler tranquillement...

AIR *de la dixième Muse.*

Pour art j'ai mes épaules blanches,
Mon pied dans son soulier frangé,
J'ai ma basquine sur mes hanches,
J'ai le peu de jupe que j'ai.
Dès que je bondis sur les planches,
Entendez-vous quel brouhaha :
Bravo, bravo, la voilà !

TOUS.

Bravo, bravo, la voilà !

GUIBOLINA.

C'est Guibolina, la danseuse ;
C'est la nymphe au vol égrillard,
C'est l'incomparable sauteuse
Qui fait frémir le boulevard.

TOUS.

C'est Guibolina, la danseuse, etc.

GUIBOLINA. Tous modestes. Il n'y a pas de talent sans ça.
LE RÉGISSEUR. Chut donc ! Au moins ne faites pas de bruit dans les coulisses, et vous, Dinah, au foyer.
MADAME ABRAHAM. Pourquoi donc que mademoiselle est ici ? Parce que c'est un premier sujet ! toujours des préférences.
GUIBOLINA. Si je vous gêne, je vais m'en aller.
LE RÉGISSEUR. Et votre autre nièce Sarah, où est-elle ? C'est elle qui devrait être là.
MADAME ABRAHAM. Elle court après le coiffeur ! Il y avait une mèche de travers à son postiche. La v'là, cette enfant. (*Sarah entre.*)
LE RÉGISSEUR. C'est bon ! qu'elle veille à son entrée. (*Il sort.*)
SARAH. Ah ! ma tante, je ne suis pas à mon aise.
MADAME ABRAHAM. Qué que t'as ? Tu vas t'émotionner, à présent.
SARAH. J'ai le taf, comme disait la princesse tout à l'heure.
MADAME ABRAHAM. Tiens, bois ça, c'est du doux, ça te remettra.
SARAH. Non, ma tante, ça m'empâterait.
MADAME ABRAHAM. Es-tu bête, va ! (*Elle boit.*)
SARAH. Ce n'est pas ma faute.

AIR : *Ninette* (M. Chautagne).

Quand je pens' que tout à l'heure,
Tous les yeux, braqués sur moi,
Vont me r'garder, ça m'écœure
Et ça me glace d'effroi.
Je me sens déjà tremblante, (*bis*)
Déjà mon cœur fait tic-tac.
Ma tante ! (*bis*)
Ah ! comme j'ai le trac !

MADAME ABRAHAM. Tiens, bois ; c'est du dur, ça te fera du bien.
SARAH (*elle boit*). Ah ! comme c'est raide. Pouah !

MADAME ABRAHAM (*buvant*). Comme t'es bête! vite, c'est à toi.
SARAH. Ah! mon Dieu.

Même air.

V'là déjà ma langue qui se colle,
Jamais je ne pourrai parler,
Sans compter qu' ma jamb' flageole,
Je voudrais bien m'en aller.
Ça me rond la tête brûlante, (*bis*)
Ça me serre l'estomac.
 Ma tante! (*bis*)
Ah! comme j'ai le trac!

CAVALCADOUR (*paraissant à la fenêtre avec Mme Couranville*). La belle nuit! n'est-ce pas, mon amour?
MADAME COURANVILLE. Qu'il est doux de s'aimer ainsi. (*Bas*) Finissez donc, vous me chatouillez.
CAVALCADOUR (*à Sarah*). Hé bien! pour quand est-ce? Oh! la belle nuit... (*à Sarah*) Tu sais, tu manques ton entrée... La belle nuit... (*à Sarah*) mais va donc, buse.
SARAH. Je n'oserai jamais.
MADAME ABRAHAM. Mais va donc, bécasse (*Sarah entre en scène.*) Dinah, ici!
DINAH (*qui causait avec Guibolina*). Oui, ma tante.
MADAME ABRAHAM. Je ne veux pas que tu te compromettes avec ces gens-là.
GUIBOLINA. Ah! ça! mais, je ne vois pas monsieur Fifrelin... Ah! le voilà.

SCÈNE III.

LES MÊMES, FIFRELIN, *puis* Mme COURANVILLE.

FIFRELIN (*agité*). Il n'y a pas à dire, ça y est. Je parle à mes concitoyens. Reste à savoir comment ils prendront la chose.
MADAME COURANVILLE (*sortant de scène*). Maudit sois-tu, maudit! (*A Fifrelin.*) Ah! vous voilà, vous. Vous êtes gentil! Je n'entrerai pas à l'autre acte.
FIFRELIN. Pourquoi ça?
MADAME COURANVILLE. Il n'y a d'effets que pour les autres dans votre pièce; je n'entrerai pas.
FIFRELIN. On vous forcera.
MADAME COURANVILLE. Jamais! Je me ferai mettre des sangsues. J'en ai dans ma loge.
CAVALCADOUR (*à la fenêtre*). Va, femme de toutes les voluptés, la vengeance du ciel te suit... Ah! je la vois, à la clarté des éclairs... C'est elle... J'entends ses cris... (*à Mme Couranville*) mais crie donc!
MADAME COURANVILLE. Tu le verras bien.
CAVALCADOUR. Le vent l'entraîne... le courant siffle. (*A Mme Couranville.*) Crie donc, je barbote.
FIFRELIN. Mais criez donc, madame!
MADAME COURANVILLE. Non! il est trop embêtant.
FIFRELIN. Non! (*Il la pince.*)
MADAME COURANVILLE (*criant*). Ah!
FIFRELIN. V'là que c'est.
MADAME COURANVILLE. Je vais mettre mes sangsues. (*Elle sort.*)
MADAME ABRAHAM. Elle n'est rien embêtante, celle-là.
GUIBOLINA (*rentrant*). Bonjour, mon auteur, comment vas-tu?
FIFRELIN (*saluant*). Madame! (*à part*) pourquoi me tutoie-t-elle, celle-là!
GUIBOLINA (*chantant*). Je suis Bric-à-Brac, un petit Dieu canaille.
FIFRELIN. Toi, ici!
GUIBOLINA. Je n'en sors pas. Hé bien! te voilà riche et célèbre.
FIFRELIN. Pas trop, parce que nous sommes quatre. On m'a expliqué qu'on ne pouvait être que trois sur l'affiche, et que l'argent devait se partager par tiers. Et comme il s'est trouvé que je suis le plus jeune, il me reste...

GUIBOLINA (*riant*). La quatrième part, naturellement.
FIFRELIN. Mais c'est égal!

AIR : *Gigue de Rothomago.*

J' n'en suis pas moins content,
J'ai toujours l'agrément
D'être en ce lieu charmant
Convoité si souvent.
Dans mon désir ardent
J'en rêvais, me disant :
C'est là, vraiment, que le bonheur m'attend.

GUIBOLINA.

Oui, je comprends : théâtre, coulisses,
 Entrer là, c'est le bonheur.
On trouve tout, joie, amour, délices,
 Dans ce séjour enchanteur.
Comme c'est instructif!
Contempler là tout, vif
Tout ce monde fictif :
Jeune premier poussif,
Corps de ballet naïf,
Régisseur attentif.
Que c'est donc beau, que c'est récréatif!

FIFRELIN.

Ces artistes, nobles âmes,
Qui pour moi font les cent coups,
Je voudrais, hommes et femmes,
Pouvoir les embrasser tous.

GUIBOLINA.

Et chacun viendra pour
T'embrasser à son tour.
Du bonheur, de l'amour,
C'est ici le séjour.
On n'y voit tout le jour
Que des cœurs sans détour.
S'adorant tous, du jardin à la cour.

ENSEMBLE.

Oui, je suis bien content, etc.
Oui, je conçois vraiment, etc.

FIFRELIN. Oh! les femmes, surtout! Ce ne sont pas des femmes, ce sont des déesses.
GUIBOLINA. Les déesses du rouge végétal et du blanc de perles.
FIFRELIN, *montrant Dinah*. Tiens! En voilà une là-bas! Est-ce assez gentil! Et costumé... comme on ne l'est pas. Elle n'est pas dans un sac, j'espère. On la voit.
GUIBOLINA. Elle n'est pas cachotière.
FIFRELIN. Tu me diras peut-être que c'est une illusion.
GUIBOLINA. Oh! le ciel m'en garde. Si tu as des illusions, mets les dans ta poche, et ton mouchoir par dessus, de peur de les perdre.
FIFRELIN. Ah çà! qu'est-ce qu'il y a donc! On dirait qu'on rit dans la salle. (*Il va à la fenêtre.*)
GUIBOLINA. Va, mon bonhomme. Dites-donc, madame Abraham!
MADAME ABRAHAM. Hein!
GUIBOLINA. Ecoutez donc! vous savez bien... la personne que j'ai promis de vous indiquer.
MADAME ABRAHAM. M. Maillotin?
GUIBOLINA. Tenez! la voilà. C'est ce monsieur qui est là.
MADAME ABRAHAM. Bon; merci!
FIFRELIN, *heurtant Dinah*. Pardon, mademoiselle... (*A part.*) Cette créature est faite au tour.
MADAME ABRAHAM, *saluant*. Monsieur, je suis la vôtre... C'est ma nièce que j'ai l'honneur de vous présenter.
FIFRELIN. Charmante.
MADAME ABRAHAM. Oh! on n'est pas parfaite, voyez-vous. (*Elle lui parle bas.*) Et à moins que vous ayez celui de vous en mêler.
DINAH. Mais, ma tante...
FIFRELIN. Moi! Dam...

Air : *L'Artiste.*

Vraiment à ma science
Vous faites trop d'honneur,
Et votre confiance
Est, je crois, dans l'erreur.
Voilà tout c'que j'peux faire ;
J'vous conseille, en deux mots,
D'aller conter l'affaire
Au marchand de maillots.
Allez conter l'affaire, etc.

MADAME ABRAHAM. Comment ! vous n'êtes donc pas...
DINAH. Mais non, ma tante. Voilà une heure que je vous fais signe, c'est l'auteur.
MADAME ABRAHAM. Oh ! sapristi ! quelle boulette !
GUIBOLINA. Moi, je vais encore mettre un jupon. (*Elle sort*.)

SCENE IV.
LES MÊMES, SARAH *sortant de scène.*

SARAH. Ouf ! sont-ils serins, ces auteurs !
MADAME ABRAHAM. Tais-toi donc ! (*A Fifrelin*.) Celle-là, il n'y a rien à dire sur son compte, et des poumons.
SARAH, *à Fifrelin*. Dites-donc, une autre fois vous me préviendrez. Vous ne m'aviez pas dit que c'était un rôle comique, ce rôle-là.
FIFRELIN. Comment, comique ! dans un drame comme ça.
SARAH. Dam ! je n'ai pas eu plus tôt ouvert la bouche que tout le monde s'est mis à rire.
FIFRELIN. Qu'est-ce que vous avez donc dit ?
SARAH. J'ai dit... ce qu'il y a, quoi ! (*Récitant*.) Tu dors, Brutus, Jérôme est dans les fers... et puis on s'est mis à rire.
FIFRELIN. Jérôme ? Qui ça, Jérôme ? Oh ! malheur !
CAVALCADOUR, *à la fenêtre*. Eh bien, le bruit de coulisse, pour quand ?
FIFRELIN. Il y a un bruit de coulisse ! Le régisseur, où est le régisseur ?
CAVALCADOUR. Faites-le vous-même donc.
FIFRELIN, *criant* Il est deux heures, tout est tranquille.
CAVALCADOUR. Seigneur, seigneur ! ayez pitié de moi. (*Il saute dans la coulisse*.)
FIFRELIN, *criant*. Habitants de la Râpée, ronflez !
LE RÉGISSEUR. Au rideau !

SCENE V.
LES MÊMES, FLORINE, LUCIDOR, COLLABO, GUIBOLINA.

CAVALCADOUR. Enlevé !... encore un.
LUCIDOR. Inoui !
MADAME COURANVILLE. Etourdissant !
COLLABO. Epatant !
CAVALCADOUR. Je crois que nous allons étrenner... quand on est payé sur la recette.
MADAME COURANVILLE. Je les tiens maintenant, les petits directeurs, pour le prochain engagement.
SARAH. En v'la donc pour cent fois à dire ces phrases que je dis si bien.
LE RÉGISSEUR. Au second acte. A vos loges, messieurs, mesdames !
FLORINE. C'est bon ! on y va. (*A Fifrelin*.) En voilà pour longtemps à recevoir un bouquet tous les soirs.
FIFRELIN. Vous ne passerez pas sans que je vous félicite sur votre jeu, si spirituellement excentrique.
FLORINE. Dites donc, c'est une sottise que vous me dites-là. (*Elle remonte*.)
GUIBOLINA, *à Fifrelin*. Elle n'est pas très-spirituelle à la ville... Ça va bien, je n'en suis pas fâchée pour les autres., ça va faire maigrir de jalousie les petites camarades, c'est toujours amusant à voir... (*A Sarah*.) Viens-tu, mon trognon ? (*Elles remontent*.)
COLLABO. Sont-elles gentilles !
CAVALCADOUR. Voyons, rajoutez-moi cette scène dont je vous ai parlé.

FIFRELIN. Comment diable voulez-vous qu'on fasse entrer là-dedans une scène de rempailleur ?
CAVALCADOUR. Le succès est là. Fabriquer quelque chose devant le public, il n'y a que ça ; n'importe quoi ! une statue, un tableau, une paire de souliers à vis !

Air : *De Téniers.*

Naguère encore dans l'Tailleur de Séville,
Je ravaudais en scène un pantalon,
J'assaisonnais des pomm' de terre à l'huile
Dans Don Pédro, grand saucier d'Aragon ;
Avec succès j'ai fait un peu de trapèze,
Dans l'ombre de Léotardo,
Et je voudrais rempailler une chaise,
Afin d'asseoir un triomphe nouveau.   (*bis*)

COLLABO. Allons ! on tâchera.
CAVALCADOUR. Merci !
LE RÉGISSEUR. En scène, messieurs, mesdames. Ah ! l'urne et la hache.
COLLABO. Je vais voir si tout est prêt. (*Il sort*.)
FIFRELIN, *au régisseur*. Tenez, là, sur la table de pierre.
LE RÉGISSEUR. Sur la table de pierre, au jardin ; bon ! Tout y est ; je frappe. Place au théâtre ! Sarah ! en scène (*Il frappe les trois coups*).

SCENE VI.
LES MÊMES, Mme COURANVILLE, LUCIDOR, FLORINE.

CHOEUR.

Air : *Des Lanciers.*

Avec empressement,
Obéissant promptement,
Songeons qu'en ce moment,
Le public nous attend.

LE RÉGISSEUR. Silence, donc !... c'est levé !
FIFRELIN. Oh ! ciel de Dieu ! On rit...
COLLABO. C'est cette Sarah qui aura encore dit des bêtises ?
FIFRELIN. Ça ne m'étonne pas.
CAVALCADOUR, *furieux*. Oh ! je n'en joue plus... A-t-on vu cette dinde ?
FIFRELIN. Qu'est-ce qu'elle a fait ?
CAVALCADOUR. Elle a dit : Voici la urne ! et il faut que je parle là-dessus. Je n'entre plus... Allez vous promener !
MADAME COURANVILLE. C'est bien fait !
SARAH, *entrant*. Ah ! quel bonheur ! voilà que ça marche !
MADAME COURANVILLE. Ah ! j'espère ! tu viens encore d'avoir un joli succès ?
COLLABO. Et vous êtes contente, je vous le conseille ; c'est du gentil !
FIFRELIN. La urne ! la urne !
SARAH. Eh bien ! quoi ! Ce n'est donc pas ça qu'il fallait dire ?
COLLABO. Mais, malheureuse enfant, il n'y a pas d'H à urne !
SARAH. Pas d'H à urne ? mais il y en avait une à côté ; elle y est encore : tenez ! V'la-t-il pas...
MADAME ABRAHAM, *entrant*. Elle a raison, c't enfant... Qu'est-ce qu'il y a ?...
COLLABO. Oh ! j'aime mieux m'en aller.
MADAME ABRAHAM. Hein ! mon chou ; qu'est-ce qu'on t'a fait ?
SARAH. Ils me font tourner en bourrique !
FIFRELIN. Et quand je pense qu'elle va rentrer encore, et pour dire une phrase où j'avais mis toute mon âme !
MADAME ABRAHAM. C'est bien difficile ! nous l'avons assez étudiée ensemble à la maison.
FIFRELIN. Qu'elle la dise ! essayez... On vous dit : Que fait la reine ? et vous répondez...

SARAH. Attendez donc... Eh bien! on me soufflera.
MADAME ABRAHAM. Mais... oui... on la soufflera.
FIFRELIN. Vous répondez : Elle a quitté sa chambre et elle est allée se ruer dans la vôtre. Dites !
SARAH. Elle a quitté sa chambre...
MADAME ABRAHAM. Elle est y allée.
FIFRELIN. Non! ce n'est pas cela. Avec énergie, donc ! et est allée se ruer dans la vôtre!
SARAH. Elle a quitté sa chambre et elle est allée se vautrer dans la rue...
FIFRELIN. Terre et cieux! Vous l'entendez!... Et elle le dira... Je mettrais tous mes manuscrits au feu qu'elle le dira!
MADAME ABRAHAM. Bien sûr! si vous l'asticotez.
LE RÉGISSEUR. Sarah ! c'est à vous.
MADAME ABRAHAM. Vas, mon chou! et ne les écoute pas; ça ne t'empêchera pas d'avoir du talent, vas! (Sarah sort.)
MADAME COURANVILLE. Si elle le dit, je n'entre pas, d'abord !
LE RÉGISSEUR. Silence !... ça y est.
FIFRELIN. Elle l'a dit? Damnation !
MADAME COURANVILLE. Je n'entre pas !
MADAME ABRAHAM. Laisser ma nièce en affront ?
FIFRELIN. Laisser ma pièce en plan, madame!
MADAME ABRAHAM (la poussant). Aïe donc !
MADAME COURANVILLE (en scène). Grue, va ! (Elle disparait. — Applaudissements.)
SARAH (entrant). Ah ! tant pire! Elle m'a appelée grue, je lui ai flanqué une gifle.
MADAME ABRAHAM. T'as bien fait. Qu'est-ce qu'elle a dit ?
SARAH. Elle s'occupe à se trouver mal. (On apporte Mme Couranville évanouie.)
LE RÉGISSEUR. Le médecin! le médecin! Je vais faire une annonce.

CHŒUR.

Quelle insolence,
Maintenant, je pense,
L'auteur n'a plus de chance,
Quelle insolence, (bis)
On ne sait plus comment ça va finir.

LE RÉGISSEUR (rentrant). J'ai dit qu'on allait passer au ballet tout de suite. Appelez Guipolina, vite !
COLLABO. Vous avez eu raison, et demain on coupera tout, excepté le ballet.
FIFRELIN. Je proteste.
COLLABO. Vous. Est-ce que vous en êtes. Vous n'êtes pas nommé et vous ne touchez pas de droits. Est-ce qu'on vous connaît ?
CAVALCADOUR. Un beau malheur, avec votre pièce de Cordonniers.
FIFRELIN. Si elle n'était pas jouée par des savetiers.
MADAME COURANVILLE (lui donnant un soufflet). Impertinent.

Reprise du chœur.

LE RÉGISSEUR. Et Guibolina, où est-elle?
GUIBOLINA. Me voilà ! Qu'est-ce qu'on me veut ?
LE RÉGISSEUR. Le ballet, tout de suite.
GUIBOLINA. Je ne suis pas encore prête; je n'ai encore que dix sept jupons.
LE RÉGISSEUR. Ça ne fait rien.
GUIBOLINA. Et mon entrée, et mes bouquets !
LE RÉGISSEUR. Ça ne fait rien. Toutes ces dames sont là ?
LES DANSEUSES (entrant). Oui, nous voilà.
LE RÉGISSEUR. Il en manque.
1re DANSEUSE. Monsieur, il y a Clorinde qu'on a fait demander chez le concierge; elle a dit qu'elle reviendrait peut-être demain.
LE RÉGISSEUR. Sapristi ! Comment faire? Vite, mesdames, un raccord, nous avons encore cinq minutes : n place! (Elles se posent.) Des bras, donc ! En mesure! Souriez, là-bas.
2e DANSEUSE. Je ne peux pas, mon soulier me fait mal, j'ai envie de pleurer.
LE RÉGISSEUR. A l'amende! (A une autre.) Eh bien! Qu'est-ce qui vous arrive?
3e DANSEUSE. C'est elle qui me laisse tomber.
LE RÉGISSEUR. A l'amende!
3e DANSEUSE. Mais puisque c'est elle.
LE RÉGISSEUR. A l'amende aussi. A vous, Guibolina.
GUIBOLINA. Voilà ! on y est. (Elle danse.)
LE RÉGISSEUR. Trop de hanches, je vous l'ai déjà dit.
GUIBOLINA. Qu'est-ce que ça me fait ce que vous me dites !
LE RÉGISSEUR. Comment, qu'est-ce? A l'amende! et pas de raison.
GUIBOLINA. Dites donc! Est-ce que vous parlez à un chien?
LE RÉGISSEUR. Je parle à une gigoteuse.
GUIBOLINA (lui donnant un soufflet). Mal embouché !
FIFRELIN. Il en pleut.
TOUTES. Bravo! c'est bien fait.
LE RÉGISSEUR (furieux). Oui, vous êtes toutes des gigoteuses, bonnes pour danser à Mabille.
GUIBOLINA. A Mabille! Eh bien, on va t'en flanquer du Mabille. En avant, mesdames !
LE RÉGISSEUR. Mesdames... au rideau... la pièce... le ballet. (Elles remontent.)
FIFRELIN. Oh! c'est à se casser la tête contre les murailles.
GUIBOLINA. Heureusement qu'elles sont en toile.
(Elle entre en scène. — Rideau.)

TROISIÈME ACTE

5e Tableau

UN BOUDOIR ÉLÉGANT

SCÈNE Ire.

LANDRINETTE, seule.

LANDRINETTE (seule). Là je crois que c'est assez rangé comme ça; je serais bien bête de me fouler la rate. Elle est ma maîtresse ; pourquoi ça? parce qu'elle a eu la chance de quitter le pays plus tôt que moi, et l'idée d'ouvrir un magasin où l'on vend de la parfumerie pour dames. La poudre de riz a eu beau la mettre à son aise, je n'en suis pas moins sa camarade, et tant qu'elle ne sera pas mariée, ça ira bien.

AIR : *Poule, de Rothomago.*

Quand j'arrivai de cheux nous, voirel
Je n'étais pas tout c'qui gnia de plus fier,
Je n'savais rien qu'manger et boire,
Et là, tout franc, je n'valais pas ben cher.
Heureusement qu'à Paris
J'ai retrouvé mon ancienne amie,
Mes malheurs sont finis,
Car en sa compagnie,
Pour moi Paris est le paradis ;
C'est le paradis.

Quand j'arrivai de cheux nous, voirel etc.

Ah ! v'là son berlingot qui entre dans la cour; je reconnais son coup de fouet : clic-clac !

SCÈNE II.

LANDRINETTE, HERMINE, avec un fouet.

HERMINE.

AIR :

Clic-clac ! quel plaisir charmant,
Plaisir enivrant !
En voitur' se prom'ner soi-même ;
Clic-clac ! voilà ce que j'aime,

Quel plaisir charmant,
Voilà vraiment de l'agrément!
Je n' suis pas un cocher timide,
Quand je tiens le fouet et la bride,
Il faut voir mon coursier rapide
S'élancer au galop d'un seul bond.
Ohé! hop!
Nul obstacle ne m'inquiète,
Poussant hardiment ma brouette,
Au passant surpris qui s'arrête,
C'est moi qui crie, avec aplomb:
Gar' donc! hop!

ENSEMBLE.

Clic-clac! etc., etc.

HERMINE (*lui remettant son fouet*). Il n'est venu personne?

LANDRINETTE. Personne (*faisant claquer le fouet*): clic-clac! C'est tout de même une drôle d'idée de se déguiser en cocher.

HERMINE. Ah! il faut ça pour réussir dans le monde. Tu comprends! quand je roule au bois, on me regarde, et on se demande : qu'est-ce que c'est que cette dame qui a manqué d'écraser ce pauvre diable là-bas... elle-même? Et on répond : C'est mademoiselle de Beauchignon, la célèbre parfumeuse, celle qui vend le fard imperméable, et qui a inventé le noir indélébile pour les signes qu'on n'a pas. — Ah! je me fournirai chez elle; elle a du chic.

AIR : *Roi de Béotie.*

Avoir du chic, c'est ma toquade,
Quand je parcours les boulevards,
Menant mon panier à salade,
Ça fait retourner les jobards.
En haut du siége où je parade,
J'étale mon pied et ma main,
J'éclabousse ma camarade
Et souvent j'accroche en chemin.
Avoir du chic, c'est ma toquade (*ter*).

LANDRINETTE. Je ne dis pas; mais, en attendant, le cheval mange plus qu'il ne rapporte. Aujourd'hui encore, le marchand de foin a apporté sa note.

HERMINE. Et comment as-tu fait?

LANDRINETTE. Sois tranquille, il est parti, et il ne reviendra pas de si tôt. Je lui ai dit que tu étais à la campagne, au Brésil.

HERMINE. Tu n'es pas maladroite, toi.

LANDRINETTE. Pas si bête... mais, pour ma peine, comme tu as invité tes demoiselles de magasin à souper et à aller au bal après, je veux en être.

HERMINE. De quoi?

LANDRINETTE. De la gobichonnade donc, et de la sauterie aussi.

HERMINE. Souper et aller au bal avec nous, toi! Et que dirait le monde?

LANDRINETTE. Il dira ce qu'il voudra; mais j'ai fourré ça là, et je l'ai dans la caboche, je ne l'ai pas dans l'épaule. J'en serai, ou je te lâche, sans te donner tes huit jours.

HERMINE. Quelle drôle de domestique tu fais! Si encore tu ne me tutoyais pas.

LANDRINETTE. Ah ben! moi, je ne peux pas oublier le temps où, au lieu de t'appeler Hermine de Beauchignon, tu t'appelais Claudine Barbouillé.

HERMINE. Chut donc!

LANDRINETTE.

AIR : *Thomas et Claudine* (Chautagne).

J'ai beau faire et beau dire,
Je m'en souviens toujours,
Et ça n'est pas sans rire,
Car c'étaient de beaux jours.
En sabots, en jup's brunes,
Tout's les deux nous allions,
Tout en croquant des prunes,
Fair' paître nos dindons.

HERMINE.

Pauvres bêtes! quand j' taquine
Mon troupeau d' soupirants,
Parfois je m'imagine
Les m'ner encore aux champs.
J'ai beau faire et beau dire,
Etc., etc.

(*Elles dansent.*)

HERMINE. C'est égal, retiens-toi devant le monde; sans ça je te ferai passer pour ma nourrice. Hier encore, devant M. Trichard...

LANDRINETTE. Faut-il pas me gêner pour lui?

HERMINE. C'est un gentleman, qui n'a que des vues honnêtes.

LANDRINETTE. Tais-toi donc! Il sent la mélasse, ou je ne m'y connais pas.

HERMINE. Ça ne m'empêchera pas de l'épouser.

LANDRINETTE (*à part*). Faudra voir.

HERMINE. L'épicerie et la parfumerie, ça va ensemble.

LANDRINETTE. C'est toujours de la drogue.

HERMINE. On sonne.

LANDRINETTE. C'est peut-être lui.

HERMINE. Non. Il m'a écrit qu'il est malade; il ne viendra pas. (*Landrinette sort.*)

SCÈNE III.

HERMINE, FIFRELIN (*Il est déguisé*).

FIFRELIN. Madame!

HERMINE. Qu'est-ce? un étranger que je ne connais pas, chez moi, à cette heure! Landrinette!

FIFRELIN. N'appelez pas madame.

HERMINE. Mais, monsieur, vous n'êtes pas ici au bal masqué. Je n'ai pas l'habitude de recevoir des Espagnols chez moi.

FIFRELIN. Ah! vous dites ça à cause de... (*Il désigne son costume*). J'avais oublié que j'ai abdiqué mon costume habituel en l'honneur du carnaval. J'ai pourtant des bottes qui devraient m'en faire souvenir.

HERMINE. Enfin, vous n'êtes pas venu ici pour me parler de vos bottes! Qu'est-ce qu'il vous faut?

FIFRELIN. Ce qu'il me faut? Il me faut mon oncle, madame!

HERMINE. Votre oncle! on ne tient pas ça ici.

FIFRELIN. Ta, ta, ta! Voici le fait. Il faut que vous sachiez que je suis un jeune homme abreuvé de désillusions. Il y a déjà pas mal de choses qui m'ont craqué dans la main.

HERMINE. Cela m'est bien égal.

FIFRELIN. Voici le fait. Heureusement, j'avais lu les poètes, ils m'avaient dit que Lisette, Frétillon, toutes ces bonnes filles étaient des anges de consolation. Je m'étais décidé à les aller trouver à leur domicile, c'est à-dire au bal, quand bien que, près d'elles, je ne serais pas exposé à rencontrer un être qui s'est mis dans la tête de me montrer tout en noir, et dont j'espère bien ne plus entendre parler.

HERMINE, *à part*. Non, il n'y a pas de risque. (*Haut.*) Qu'est-ce que ça me fait, tout ça!

FIFRELIN. Voici le fait. Je montais en fiacre, comme on fait, quand on va au bal, et qu'on a quarante sous dans sa poche, quand une espèce de commissionnaire m'a remis une lettre, sans me dire de quelle part.

HERMINE. Une lettre anonyme?

FIFRELIN. Je ne sais pas; elle n'était pas signée, toujours. Et savez-vous ce qu'elle disait, cette lettre?

HERMINE. Non, et vous?

FIFRELIN. Moi, je le sais, elle m'apprenait que mon oncle va faire la bêtise de vous épouser.

HERMINE. Hé! dites donc, malhonnête!

FIFRELIN. Vous comprenez que ça ne peut pas me venir.

HERMINE. Parfaitement; vous pensez que cela peut nuire à vos espérances.
F. FRELIN. Oh! fi!... Il y a un peu de ça... mais il y a encore autre chose.
HERMINE. J'ai le malheur de déplaire à monsieur?
FIFRELIN. Mon Dieu, pas personnellement... au contraire. Voici le fait. Vous vendez aux dames de la beauté dans des petits pots. J'ai assez de frelatage comme ça dans ma famille.. Joindre la parfumerie à l'épicerie, c'est trop.
HERMINE, *avec explosion*. Oh! jeune homme! laissez-moi vous regarder.
FIFRELIN. Hein! qu'est-ce qu'elle a?
HERMINE. J'ai... J'ai que vous avez une belle âme, et que j'aime ça. Que je me le suis fait souvent à moi-même, ce reproche que vous m'adressez!

AIR :

De ce trafic que moi même je blâme,
Le sort me fit une nécessité.
Mais que pouvaient mes remords! pauvre femme,
J'ai dû céder à la fatalité.
Croyez-moi, vous dont la vertu m'enchante,
J'ai bien souvent souhaité dans mon cœur
De posséder vingt mille francs de rente
Pour planter là ce commerce trompeur.
Que n'ai-je, hélas, etc.

FIFRELIN. Pauvre enfant!
HERMINE. Oh! que ne vous ai-je connu plus tôt?
LANDRINETTE, *entrant*. Madame!
HERMINE. Quoi? plus tard.
LANDRINETTE. Non! tout de suite. (*Bas*) C'est M. Trichard; il ôte son paletot dans l'antichambre.
HERMINE, *à part*. Saperlotte! me voilà compromise. (*A Landrinette*) Il ne fallait pas le laisser entrer?
LANDRINETTE, *à part*. Oui, tâches! (*Haut*) C'est facile à dire; où faut-il fourrer monsieur?
HERMINE. Où tu voudras!
LANDRINETTE. Allons, jeune homme, entrez là dedans (*elle ouvre une armoire*).
FIFRELIN. Pour quoi faire?
LANDRINETTE. C'est l'usage, quand on est déguisé.
FIFRELIN. Quel drôle d'usage!

ENSEMBLE.

AIR : *Polka des buveurs.*

Ici, le fait est notoire,
Comme un objet précieux,
On vous serre dans l'armoire,
Ça doit vous rendre glorieux.

SCÈNE IV.

HERMINE, LANDRINETTE, TRICHARD, *déguisé, un bouquet à la main.*

HERMINE. Il était temps!
LANDRINETTE. Ce n'est pas fini... Je ne veux pas qu'elle se marie; ainsi...
TRICHARD. Bonjour, belle dame; c'est moi.
HERMINE. Vous! Oh! quelle aimable surprise! Je m'occupais de vous à l'instant.
TRICHARD. Vous êtes adorable!
HERMINE. Vous m'aviez écrit que vous ne viendriez pas!
TRICHARD. Je croyais que je serais malade; mais j'ai changé d'idée.
LANDRINETTE. Vous avez bien fait, monsieur.
TRICHARD. J'aime mieux vous conduire au bal. D'ailleurs, il vous fallait un bouquet; et sans moi, qui vous l'eût apporté?
LANDRINETTE, *à part*. Personne, bien sûr!
HERMINE. Ah! encore des folies? Landrinette, mets-le vite dans l'eau, ma fille!
LANDRINETTE. Oui, madame.

HERMINE. Vous savez que je n'aime pas ça?
TRICHARD. Allez-vous me gronder?
FIFRELIN, *entr'ouvrant la porte*. J'étouffe, dans ma boîte!
TRICHARD. Après ça, vous auriez peut-être raison?

AIR : *Restez, troupe jolie.*

Votre mine fleurie et fraîche,
D'une pomme a le coloris,
Elle a le duvet de la pêche,
L'éclat des roses et des lis.

HERMINE.

Sans parler d' la poudre de riz.

TRICHARD.

Votre bouche est une cerise,
Vos dents un bouquet de jasmin,
Et l'on peut voir avec surprise
Porter des fleurs dans un jardin.

HERMINE. Trop aimable... (*à part*). Sont-ils bêtes! (*Achevant l'air, à part.*)

V'là comme on leur fait à sa guise
Prendre un tableau pour un jardin.

FIFRELIN. Il me semble que je connais la voix de cet horticulteur! (*il éternue.*) Il fait froid dans cette armoire à glace.
TRICHARD. Qu'est-ce que c'est que ça?
HERMINE. Je ne sais!
LANDRINETTE. C'est le chat! On l'aura enfermé dans l'armoire...
TRICHARD. Un chat qui éternue! c'est un phénomène! Je veux voir ça! Je paierai les deux sous (*il va à l'armoire*).
HERMINE Ciel! mon mariage est flambé.
FIFRELIN Ouf! tiens, mon oncle en Musulman!
TRICHARD. Mon neveu en hidalgo.

ENSEMBLE.

AIR : *Trouvère.*

HERMINE ET LANDRINETTE.	TRICHARD ET FIFRELIN.
O rencontre imprévue,	O rencontre imprévue,
Et quel spectacle affreux!	Et quel spectacle affreux
Ils vont à notre vue	Ici s'offre à ma vue!
S'égorger en ces lieux.	Mon oncle | dans ces lieux.
Grands Dieux!	Mon neveu |
Ah! quel spectacle affreux.	Grands Dieux!
	Ah! quel spectacle affreux.

TRICHARD. Que faites-vous ici, monsieur?
FIFRELIN. Et vous, mon oncle?
TRICHARD. Et vous, madame, est-ce là une conduite? Fourrer des Espagnols dans les armoires, ça ne se fait que dans les drames, ça.
HERMINE. Grand Dieu! il ose me soupçonner?
LANDRINETTE. Ah! monsieur!
TRICHARD. Mon Dieu! je ne dis pas... mais enfin, c'est extraordinaire.
HERMINE Me soupçonner! moi! moi qui avais consenti à vous donner ma main! Oh! ce n'est pas d'un gentilhomme, ce que vous faites là.
FIFRELIN (*à part*). Un gentilhomme, mon oncle!
TRICHARD. Mais enfin, expliquez-moi...
HERMINE. Rien! si vous n'avez pas confince en moi, si vous croyez ce que vous voyez plutôt que ce que je vous dis, eh bien! adieu, adieu pour toujours!
TRICHARD. Ah! c'est comme ça; eh bien! adieu!
HERMINE Ah! Landrinette! que je suis malheureuse!
LANDRINETTE Pauvre femme! Oh! les hommes, les hommes!
TRICHARD (*revenant*). Elle pleure! Hermine! voyons pas de bêtises! Allons! faites une risette.
HERMINE (*souriant*) Méchant!
TRICHARD. Quand je pense que c'est ce garnement là qui est cause que je l'ai fait pleurer.
FIFRELIN. Mon oncle! un mot! ne m'invectivez pas.

C'est moi qui aurais le droit de me fâcher. Je ne vous dis rien, laissez-moi tranquille.
TRICHARD (à part). Il faut filer doux. (A Hermine.) Tout est oublié, n'est-ce pas?
HERMINE. Je vous pardonne, et, pour preuve, je veux bien tout vous dire. (Bas.) Ce gamin-là voulait s'opposer à notre mariage, et j'ai voulu lui donner une leçon...
TRICHARD. De quoi?
HERMINE. De savoir vivre... On sonne... Ce sont ces dames. Va ouvrir, Landrinette.
LANDRINETTE. Je veux bien. (Elle sort).
HERMINE. Moi, je vais à ma toilette. Vous, veillez aux apprêts du souper; ensuite je vous dirai mon plan. (A Fifrelin.) Vous, restez là; je donne ce soir une petite fête à mes demoiselles de magasin : vous en serez.
FIFRELIN. Des grisettes, ça me va.

HERMINE.
Air : La foire de Saint-Cloud.

Après un tel orage
Reviendra le beau temps.

FIFRELIN.
Le plaisir et l'tapage,
Nous calmeront les sens.

TRICHARD.
Ici, nous allons, je pense,
Riant, dansant et chantant,
Grâce au champagne, à la danse,
Nous donner de l'agrément.
Vive le champagne et la danse
Pour se donner d'l'agrément.

(Ils sortent.)

FIFRELIN seul. Vive le plaisir! Il n'y a que ça de vrai.

SCÈNE V.

FIFRELIN, PALMYRE, PAMÉLA, CORENTINE, ROXELANE, ARTHÉMISE, SIDONIE, ZIZINE, en costumes de bal.

TOUTES.
Air : La foire de Saint-Cloud.

Quand l'plaisir nous invite,
Ici nous accourons;
A son appel bien vite,
Toutes nous répondons.
Ici nous allons, je pense,
Riant, buvant et chantant,
Grâce au champagne, à la danse,
Nous donner de l'agrément.
Vive le champagne et la danse
Pour se donner de l'agrément.

CORENTINE. Oh! du sexe! de la tenue, mesdames.
PAMÉLA, (à son enfant.) Zizine! viens que je te mouche, mon trésor.
TOUTES (saluant). Monsieur!
FIFRELIN. Mesdames! je suis bien heureux de la circonstance... Mlle de Beauchignon est à sa toilette, et je suis chargé de vous recevoir.
PAMÉLA. Zizine! dis bonjour à Monsieur.
FIFRELIN. Oh! quel charmant enfant!
PAMÉLA. Embrasse-le donc, mon bébé.
ZIZINE. Non! Il est trop laid.
FIFRELIN. Quel charmant enfant!
PAMÉLA. Oh! Monsieur... je l'aime tant, aussi je la mène partout avec moi, et je puis bien dire qu'il n'y a pas une femme comme il faut qui élève sa fille avec ce chic-là.
ZIZINE. Je veux m'en aller, je m'ennuie ici.
PAMÉLA (bas). Fiche-moi donc la paix, ou je te cogne.
FIFRELIN. Je vous crois (à part). Voilà une bonne nature.

CORENTINE. Oh! moi, je comprends ce sentiment là. Je comprends tous les sentiments d'abord... Je ne dis jamais de mal de personne, mais je crois que j'aurais été une mère comme on en voit peu.
PALMYRE. Il faut faire comme moi, ma chère. Moi aussi le ciel m'a refusé ce bonheur. Eh bien, est-ce que j'ai fait?
CORENTINE. Oh! moi, je n'en sais rien.
FIFRELIN. Ni moi!
PALMYRE. J'ai adopté un enfant, et je passe ma vie à lui entonner de la bouillie.
FIFRELIN..(à part). C'est encore une meilleure nature. (A Arthémise) Et vous, Mademoiselle?
ARTHÉMISE. Oh! ce n'est pas un enfant que je voudrais aimer... c'est son père. Aimer! c'est le ciel ici-bas.
FIFRELIN. Pauvre biche!
SIDONIE. Avec tout ça, on ne se nourrit guère ici. J'ai l'estomac qui me crie et les jambes qui me démangent; vous êtes là à dire vos bêtises.
FIFRELIN. Des bêtises! Ces dames font assaut de bon cœur, et c'est un joli spectacle.
SIDONIE. Laissez-moi donc tranquille. Le plaisir, le tapage! Il n'y a que ça au monde.

Air : Quadrille de Musard.

Du plaisir il faut qu'on abuse;
Chanter et danser, voilà le vrai bien;
On ne fait pas de mal quand on s'amuse,
Il faut s'amuser, le reste n'est rien.
Si mon cœur reste froid,
Si je dédaigne la toilette,
J'aime le flanc, la galette,
Tout ce qui s' mange
Et tout c' qui s' boit;
Mais c'est surtout la danse
Qui me fait tourner l'esprit,
Pendant tout le jour j'y pense,
J'en rêve pendant la nuit.

REPRISE ENSEMBLE. Du plaisir, etc.

SCÈNE VIII.

LES MÊMES, LANDRINETTE, en Cauchoise.

LANDRINETTE. On danse sans moi! me v'là! j'en suis.
TOUTES. Landrinette!
FIFRELIN. La bonne!
LANDRINETTE. Oui! c'est moi. J'vas m'régaler et gigoter avec vous autres. Me v'là en tenue.
PALMYRE. Toi!
CORENTINE. Je ne dis pas de mal de personne; mais je ne sais pas si c'est bien convenable.
LANDRINETTE. As-tu fini! Ne dirait-on pas que vous êtes toutes venues au monde autour du Parc-Monceaux! Du temps de la petite Pologne... je ne dis pas.
FIFRELIN. Ah! Mesdames, pas de manières!

AIR :

Acceptez-la donc pour compagne;
Je suis sûr qu'elle a trop bon cœur
Pour boire votre part de champagne
Où vous prendre votre danseur.
Vous feriez tort à vos personnes
En l'affligeant par un refus,
Et vous êtes toutes trop bonnes
Pour craindre une bonne de plus.

LANDRINETTE. Si il ne s'agit que d'être bonne fille, il n'y en a pas une ici qui m'en remontrerait.

Air : des Filles de Parthenay.

Lorsque j'étais encor chez nous,
J'fus la promise à Pierre,
Moi, j'aimais ben c' gros garçon-là,
Par malheur, j'étais bonne,
Voyez-vous!
Eh! lon, lan, la, landrirette,
Eh! lon, lan, la, landorira!

Moi j'aimais ben c' gros garçon-là,
Par malheur, j'étais bonne ;
Comme ça ne m' faisait pas de chagrin
Et qu' ça l' rendait ben aise.

Comme ça ne m' faisait pas de chagrin
Et qu' ça l' rendait ben aise,
Un jour je m' laissis embrasser,
L' lend'main, il prit la porte.

Un jour je m' laissis embrasser,
L' lend'main il prit la porte,
J'eus comme ça trois noces dans l'eau
Et, de fil en aiguille.

J'eus comme ça trois noces dans l'eau
Et, de fil en aiguille,
J' m'aperçus qu' pour me marier,
J'étais trop bien bonne fille.
Eh lon, lon, là.

FIFRELIN. Mesdames, voici notre amphitryonne.
SIDONIE. Ah ! tant mieux.

SCÈNE VI.

Les mêmes, HERMINE, TRICHARD.

CHOEUR.

AIR :

C'est notre joyeuse hôtesse,
A la fêter qu'on s'empresse,
Elle apporte la promesse
Que bientôt
Paraîtra le fricot.

HERMINE. Soyez les bien venues, mesdames. (*Bas à Trichard.*) Ainsi, c'est bien entendu ?
TRICHARD. Dam ! si ça doit me rendre mon neveu, et pourvu que ça ne coûte par cher.
HERMINE. Il n'y a pas de danger.
TRICHARD. Hé bien ! mon neveu !
FIFRELIN. Hé bien ! mon oncle, ça va-t-il mieux ?
TRICHARD. Veux-tu revenir à la maison ?
FIFRELIN. Moins que jamais, voilà les anges que j'ai rêvés.
TRICHARD. Des anges du Mardi-Gras. Tu voudrais peut-être les épouser toutes ?
FIFRELIN. Oh ! non !
SIDONIE. Ah ! ça ! est-ce qu'on ne passe pas dans la salle à manger ? il n'est que temps.
HERMINE. Un instant ! Avant de songer à la nourriture, on a une communication à vous faire. Landrinette, des chaises.
LANDRINETTE. Je veux ben encore.
SIDONIE. Il paraît que ce sera long.
HERMINE. Silence ! je me donne la parole. Mesdames, vous êtes toutes veuves ou demoiselles, plus ou moins, par conséquent toutes en état de prendre un mari, ce qui est une chose généralement assez recherchée.
SIDONIE. Pas avant de souper.
LANDRINETTE. Silence donc !
HERMINE (*montrant une chaise*). Montez là-dessus, jeune homme.
FIFRELIN. Qu'est-ce qu'on va me faire !
HERMINE. Voici, mesdames, un objet que je vous prie d'examiner. Si une ou plusieurs d'entre vous étaient disposées à s'en arranger, qu'elles le disent.
PAMÉLA. Dam ! faudrait voir.
ROXELANE. Ça dépend des conditions.
HERMINE. Maintenant, je cède la parole à M. Trichard, ici présent.
TOUTES. Ah !
TRICHARD. Mesdames, il faut que vous sachiez que je suis l'oncle de ce gamin, qui m'a donné jusqu'à ce jour moins d'agrément que de tintoin. Je serais donc enchanté de m'en débarrasser en votre faveur.
TOUTES. Ah !
TRICHARD. Je sais ce que vous allez me dire : c'est une charge à prendre, vous ne vous y déciderez qu'en vue de quelques compensations raisonnables... c'est trop juste, et je déclare que je suis prêt à vous dédommager en lui donnant une dot.
TOUTES. Très-bien !
FIFRELIN. Oh ! mon oncle ! tant de générosité....
LANDRINETTE. Silence !
TRICHARD. Seulement, je désire que ce sacrifice soit le plus léger possible, et, en conséquence, je déclare que le futur en litige appartiendra à la moins demandante et dernière enchérisseuse.
ARTHÉMISE. C'est une adjudication, alors.
TRICHARD. Au rabais.
FIFRELIN. Au rabais ! C'est humiliant, je proteste.
LANDRINETTE. Silence ! J'en suis-t'y, moi !
TOUTES. Non, non.
LANDRINETTE. Silence !
HERMINE. C'est une enchère publique.
TRICHARD. Il n'y a pas d'exception.
TOUTES. Ah !
TRICHARD. Mesdames, avant de procéder, examinez encore l'article, je vous prie.
CORENTINE. Je ne veux pas en dire de mal, mais il a deux yeux qui ne s'entendent pas bien ensemble.
ARTHÉMISE. Est-ce qu'il n'a pas un bras plus long que l'autre ?
FIFRELIN. Tiens ! c'est celle qui veut le ciel sur la terre qui a dit ça.
TRICHARD. Ce n'est pas l'Apollon du Belvédère, mais on donne ce qu'on a. Y sommes-nous !
LANDRINETTE. Silence !

TRICHARD.

AIR des *Petits Bateaux*.

L'objet vous est soumis,
J'en appelle à la plus experte,
La séance est ouverte,
Mesdames, dites votre prix.

FIFRELIN.

C'est flatteur d'être ainsi
Mis tout vif à l'enchère.

HERMINE.

La crinoline est chère
Et les p'tits pois aussi.
Pourtant, comme je dois
Faire marcher la vente,
Je le prends pour une rente
De mille francs par mois.

ENSEMBLE.

L'objet nous est soumis,
C'est l'affair' de la plus experte,
La séance est ouverte,
Nous pouvons dire notre prix.

TRICHARD. Il y a marchande à douze mille francs par an.
FIFRELIN. A qui le tour, là, mesdames ?
LANDRINETTE. Bah ! je suis ronde en affaire, à dix mille ! Je ne resterai pas garçon.
PAMÉLA. Il faut penser à mon enfant. A neuf mille !
ARTHÉMISE. A huit mille !
LANDRINETTE. A sept mille !
TRICHARD. Allons, mesdames, ne nous arrêtons pas en si bon chemin. Il y a marchande à sept mille. Une... deux...
CORENTINE. Un instant ! Est-il votre héritier ?
TRICHARD. Unique.
FIFRELIN. Elle songe à l'avenir, ça fera un bonne femme.

PALMYRE. Et vous engagez-vous à lui laisser votre héritage après un laps raisonnable!
HERMINE. Je le connais; il m'inspire de la confiance à six mille !
CORENTINE. A cinq !
ROXELANE. Quatre !
ARTHÉMISE. Trois!
LANDRINETTE. Deux !
FIFRELIN. Je dégringole. Retenez-moi, mon oncle.
TRICHARD. A deux mille !
SIDONIE. A douze cents! mais il prendra une place dans un bureau; je ne veux pas l'avoir à la maison toute la journée.
ARTHÉMISE. On ne dîne pas encore tous les jours. Je les prends pour la nourriture.
TRICHARD. Trois plats au choix.
PAMÉLA. Oh! ma fille, je t'assurerai du pain. Deux plats et l'enfant ne mangeras pas de dessert.
ZIZINE. J'en veux, moi.
PAMÉLA. Tais-toi donc, moucheron.
LANDRINETTE. Hé bien! moi, je vas dire le dernier mot : je le prends pour rien.
TOUTES. Ah !
FIFRELIN. Elle est enragée, la bonne! Elle m'aime trop !
LANDRINETTE. Il me servira de domestique ! ça me changera.
TRICHARD. Un, deux, trois! adjugé !
FIFRELIN. C'est flatteur! mais c'est humiliant.

Reprise de l'air.

Coter à ce prix-là
Un jeune homme nubile !
Il était difficile
De tomber plus bas qu' ça.
Aussi c'est déclaré,
L'offre est insuffisante,
Mes dam's, j'annul' la vente,
L'objet est retiré.

ENSEMBLE.

Les débats sont finis,
L'offre est, etc.,etc.

SIDONIE. Comme ça, nous en sommes pour nos frais?
PAMÉLA. C'est une mauvaise farce !
ROXELANE. C'est la bonne qui est cause de tout.
PALMYRE. Il ne fallait pas l'en mettre.
LANDRINETTE. Ah! ça va mal finir.
HERMINE. Laisse-les dire... Va, Corentine.
TRICHARD. Sont-elles bonnes filles, hein !
CORENTINE. Oh! moi, je ne dis jamais de mal; mais je sais ce que je pense.
SIDONIE. Pardi ! c'est pas difficile à dire. Elle ne peut pas s'en passer, de sa Landrinette, quand ce ne serait que pour renvoyer les créanciers.
FIFRELIN. Ca y est, à pic !
HERMINE. Ah ! dites-donc ; je crois que vous m'attrapez?
ARTHÉMISE. Oui ! vous nous le paierez.
HERMINE. Oui !

AIR : *La foire aux idées.*

Hé bien, puisqu'il en est ainsi
Et que l'on m'asticote ici,
Je reprends la parole et c'est
Pour vous flanquer votre paquet.
Vous avez toutes le cœur bon
Et tendre, je ne dis pas non,
Mais c'est d'vant le monde seulement;
Vous faites la pose au sentiment.
Toi, tu ne dis jamais de mal
D'autrui, c'est vrai; mais au total,
Ca n'est pas étonnant, ma foi!
Tu ne parles jamais que de toi.
Toi qui ne penses qu'aux entrechats,

Lorsque tu danses, ce n'est pas
Toi que tu comptes amuser,
Mais ceux qui te regardent danser.
Toi dont le cœur veut un ciel pur,
On connaît ton rêve d'azur.
C'est un cach'mir bleu lapis,
Etoilé d'un peu de rubis.
Toi, là-bas, la femme à l'enfant,
Ta tendresse te rend vraiment
Intéressante, mais pas pour moi,
J' sais que l' moutard n'est pas à toi.
Voilà c' que j' vous avais promis,
Et si ça vous fâche, tant pis !
Je vous ai flanqué, c'est un fait,
A chacune votre paquet.

ENSEMBLE.

Voilà ce qu'elle avait promis, etc., etc.

CORENTINE. Mais ça ne se passera pas comme ça.
TOUTES. Non, non.
TRICHARD. Elles vont s'arracher les yeux. Ça serait dommage. (*Annonçant.*) Ces dames sont servies.
TOUTES. Ah !
SIDONIE. Ma foi ! je me mettrai en colère après ; allons souper.
TRICHARD. C'est ce que vous avez de mieux à faire.

AIR :

A table, le festin attend,
C'est l'heure de jouer des fourchettes.
Buvez gaiement,
Mangez franchement
Et montrez-vous ce que vous êtes.
Le bordeaux n'est pas frelaté,
Comme lui vous serez sincères,
Car en vin la vérité
Se tient cachée au fond des verres.
On n'a pas fardé le homard,
Ni servi de fausses crevettes,
Plantez aussi là votre fard
Et montrez-vous ce que vous êtes.

TOUTES.

A table, on se gêne en posant, etc.

(*Elles sortent.*)

SCÈNE VII.

FIFRELIN, HERMINE.

FIFRELIN (*à part*). Hé bien ! en voilà une, et une complète! Fiez-vous donc aux chansonniers après ça!
HERMINE. Vous ne venez pas?
FIFRELIN. Où ça?
HERMINE. A table.
FIFRELIN. Non ! je n'ai plus faim. J'ai avalé une couleuvre qui m'a nourri pour quelque temps.
HERMINE (*riant*). Bah !
FIFRELIN. Oui. O Béranger! comme tu m'as mis dedans !
HERMINE. Ce n'est pas sa faute s'il y a du changement.
FIFRELIN Je sais bien ! c'est la faute à ce petit gredin de Bric-à-Brac. Je suis sûr qu'il est là, dans quelque coin.
HERMINE. Tu ne te trompes guères, et plus près que tu ne penses. (*Chantant.*) Je suis Bric-à-Brac, un petit Dieu canaille.
FIFRELIN. Qu'est-ce-que je disais?
HERMINE. Ne t'avais-je pas dit que tu me trouverais partout?
FIFRELIN. Pour mon malheur.
HERMINE. Pour ton bien.
FIFRELIN. Ah! ouiche ! je deviens aussi bête que mon oncle; encore un cran, et je vais devenir aussi filou.

(*Rires et chants au dehors.*)

FIFRELIN. Oui ! ça me donne envie de me boucher les oreilles.
HERMINE. Tu ne viens pas ?
FIFRELIN. Jamais ! vois-tu, si j'avais ma cousine là, sous la main...
HERMINE. Ta cousine l'épicière ?
FIFRELIN. Oui, oui, je crois que je l'épouserais avec son épicerie.
HERMINE. Voilà du nouveau.
FIFRELIN. Dam ! puisqu'il n'y a que deux choses, vendre et acheter, tromper ou être dupe...
HERMINE. Hé bien !
FIFRELIN. Hé bien ! j'aime mieux vendre, là.
HERMINE. En ce cas, donne-moi la main.

ENSEMBLE.

AIR de Margot.

FIFRELIN.	HERMINE.
Où va me conduire	Laisse-toi conduire
Ton zèle enragé.	Encor, puisque j'ai,
J'ai bien, pour m'instruire,	Afin de t'instruire,
Assez voyagé.	Assez voyagé.
Lorsque tout m'échappe	Lorsque tout t'échappe,
Et trompe mon cœur,	Suis-moi sans frayeur,
Pour dernière étape	La dernière étape
Je veux le bonheur.	Conduit au bonheur.

CHANGEMENT A VUE.

6° Tableau.

LE PALAIS DE L'ÉPICERIE.

Une grande table servie. — Tous les personnages de la pièce buvant et chantant.

CHŒUR.

AIR : *Roger-Bontemps*.

Par une noce,
Par une bosse,
Fêtons ici le lien conjugal.
Pour que la fête
Soit bien complète,
Par le festin préparons-nous au bal.

FIFRELIN. Où suis-je ?
HERMINE. Dans le palais de l'épicerie.
FIFRELIN. Et ces gens-là, qui gobelottent avec mon oncle ?
HERMINE. Tes amis, réunis pour célébrer tes fiançailles ; ouvre les yeux et reconnais-les.
FIFRELIN. Ah ! attends donc ! mais oui ; voilà le Café, le Thé, le Poivre ! Mais pourquoi ces costumes ?
HERMINE. Pour ne pas en perdre l'habitude. Où as-tu vu des marchandises qui ne soient pas déguisées.
TOUS. Vive Fifrelin !
FIFRELIN (*très ému*). Mes amis...excusez-moi .. si l'émotion... Je ne sais pas encore... Qu'est-ce qu'il faut vous servir ?
TOUS. Bravo !
LE CAFÉ. A la santé de Bric-à-Brac qui nous l'a ramené.
HERMINE. Merci ! Et à ce toast je répondrai par un autre : A la vente en gros et en détail ! au brocantage universel ! au monde entier, c'est-à-dire à la maison Bric-à-Brac et C°. Et maintenant que la fête commence.

LA POLKA DES MASQUES.

PARIS.—P. TRALIN, *Libraire, Editeur de Musique et Chansons, rue Dauphine, 49, et rue Contrescarpe-Dauphine, 2.*

www.ingramcontent.com/pod-product-compliance
Lightning Source LLC
Chambersburg PA
CBHW070500080426
42451CB00025B/2958